Missionários da Partilha

PE. FERDINANDO MANCILIO, C.Ss.R.

Missionários da Partilha

Celebrando o Dízimo na Comunidade paroquial

EDITORA
SANTUÁRIO

Dados Internacionais de Catalogação na Publicação (CIP) de acordo com ISBD

M269m Mancilio, Ferdinando

Missionários da partilha: celebrando o dízimo na comunidade paroquial / Ferdinando Mancilio. - Aparecida : Editora Santuário, 2022
64 p. ; 14cm x 21cm.

Inclui índice.
ISBN: 978-65-5527-193-5

1. Religião. 2. Cristianismo. 3. Missionários. 4. Partilha. 5. Dízimo. 6. Comunidade paroquial. I. José Queimado, Luís. II. Título.

2022-863 CDD 240
CDU 24

Elaborado por Vagner Rodolfo da Silva - CRB-8/9410

Índice para catálogo sistemático:
1. Religião : Cristianismo 240
2. Religião : Cristianismo 24

1ª impressão

Rua Pe. Claro Monteiro, 342 – 12570-000 – Aparecida-SP
Tel.: 12 3104-2000 – Televendas: 0800 0 16 00 04
www.editorasantuario.com.br
vendas@editorasantuario.com.br

A palavra *dízimo* significa a décima parte. Enquanto o Antigo Testamento se refere mais exatamente ao dízimo, o Novo Testamento não usa esse termo propriamente. É preciso concluir, a partir do ensinamento de Jesus, que *dízimo* no Novo Testamento resgata o **sentido de partilhar na caridade**. Assim, quando se fala do DÍZIMO enquanto PARTILHA, parece-me mais plenamente carregado de sentido. É a grande e bela experiência da Primeira Comunidade cristã, que, quando se reunia cheia de alegria e esperança, se realizava a **plena partilha** entre todos. Pena que os tempos tiraram essa iniciativa tão bela, e em nossos dias é preciso lembrar constantemente da responsabilidade que temos, como cristãos, dentro da Comunidade. A experiência da Primeira Comunidade nos deixou claro que o **Dízimo** tem outro sentido, o sentido exato que é a **partilha**.

PARTICIPAR DO DÍZIMO É SER "MISSIONÁRIO(A) DA PARTILHA"

A expressão "**Missionários da Partilha**" manifesta o sentido profundo do "Dízimo" no Novo Testamento. Está profundamente consoante com o ensinamento de Jesus. Em lugares onde se modificou a expressão "**Agentes do Dízimo**" por "**Missionários da Partilha**", ressoou de modo demasiadamente positivo. Aliás, isso subtrai certo sentido negativo e mal-entendido de que "*dízimo é pagamento*". A dimensão missionária do Dízimo e seu sentido evangelizador é que devem ser exaltados. O Dízimo tem "tudo a ver" com a evangelização. Evidentemente que aqui estamos apenas apontando a direção do sentido de mudar o nome de "Agentes do Dízimo" ou semelhantes para "**Missionários da Partilha**". Não é possível trazer um aprofundamento maior.

A experiência de PASTORAL DO DÍZIMO, na Comunidade, é como um SOPRAR NOVO do Espírito a motivar nossas paróquias.

"Bendito seja o Deus e Pai de nosso Senhor Jesus Cristo, que nos abençoou com toda a sorte de bênçãos espirituais, nos céus, em Cristo" (Ef 1,3).

A Palavra de Deus é um eco que chega ao coração de Deus e retorna com um convite a fazer a experiência de Deus ao modo de Abraão, de Moisés e tantos outros...

Dízimo não se paga nem se cobra. Dízimo é dom. "Contribuir, por sua vez, inclui o significado de concorrer para a realização de um fim, tomar parte em algo comum, assumindo solidariamente a responsabilidade" (Doc. CNBB 106, 57).

A Bíblia fala em **TRAZER O DÍZIMO**. Com isso já ficam excluídas as formas de contribuição utilizadas por muitas Comunidades: **cobrar** o DÍZIMO ou **arrecadá-lo** nas casas de família etc.

O **DÍZIMO é DÍZIMO** porque o Senhor assim o quis. Não podemos deixar de fazer a experiência de Deus na vida cristã. **O que se dá, ou melhor, com o que se CONTRIBUI é que se faz a experiência de Deus.**

Assim, a experiência do DÍZIMO vai progredindo de tal forma que a sensibilidade dessas pessoas cresce à medida que elas descobrem o amor e o valor do DÍZIMO em sua vida comunitária. O DÍZIMO não é uma opção simples ou fácil; exige certo desconforto inicial.

Deus dá 100%: 10% são para ser devolvido a Ele; 90% são para ser administrados por nós de acordo com nossas necessidades mensais. Com isso podemos admitir que Deus não nos tira nada; pelo contrário, dá-nos muito mais, isto é, 90%. Ele nos dá 100% e nos deixa com 90%. Por que ainda nos custa ser dizimista?

Há sempre um bocado de egoísmo em nós. A doação, a consciência de seu valor é que vão nos fazendo vencer esse egoísmo. O DÍZIMO, bem entendido, exclui o egoísmo e integra o **AMOR DE GRATUIDADE**, que deve ser buscado com desejo constante.

DÍZIMO é comunhão e **partilha**, mas, para chegar a isso, é necessário **NOS EDUCARMOS** na fé, tornando-a adulta e madura, e é isso que nos impulsiona na missionariedade do Dízimo: somos corresponsáveis pela Comunidade-Igreja.

"Todos tinham tudo em comum e repartiam seus bens entre os necessitados" (At 2,44-45).

O DÍZIMO tem sua origem bíblica. Só podemos compreender um DÍZIMO que tenha embasamento na Palavra de Deus.

São Paulo nos diz que: "Quem semeia pouco colherá também pouco e quem semeia com largueza colherá também com largueza". Dê cada um conforme tiver decidido em seu coração, sem pesar nem constrangimento, pois Deus "ama quem dá com alegria".

Deus é poderoso para nos cumular de toda sorte de graças, para que, em tudo, tenhamos sempre o necessário e ainda tenhamos de sobra para toda obra boa, como está escrito: "Distribuiu generosamente, deu aos pobres; sua justiça permanece para sempre".

Aquele que dá a semente ao semeador e lhe dará o pão como alimento, ele mesmo multiplicará as sementes e aumentará os frutos de sua justiça (2Cor 9,6-10).

É necessário que o DIZIMISTA se lance à confiança em Deus, que é Pai e em quem nada lhe vai faltar se for perseverante e colocar sua fé no Senhor da vida, da história.

O caminho é **confiar na Palavra**, que revela que ao dizimista é reservada uma bênção de fartura, de prosperidade. A Palavra de Deus não falha! **Importa lançar as redes... Lance!**

A fartura também incomoda. Muitos se questionam: "**Para que tanto dinheiro na Igreja?** A Igreja deve ser pobre. Os padres não devem preocupar-se com o dinheiro...

O **DÍZIMO** que entregamos à Igreja reverte-se em benefício da própria Comunidade, que é como a família. Se todos trabalham e compartilham as despesas, tudo vai bem; mas, se alguém não colabora, os demais deverão arcar com as consequências, com as irresponsabilidades da maioria. **Na Igreja acontece a mesma coisa.**

DÍZIMO: UMA EXPERIÊNCIA DE ORAÇÃO PARTILHADA

DÍZIMO é uma forma de oração, uma expressão de oração que deve ser buscada e encontrada, caso contrário poderá tornar-se um negócio (econômico) com Deus; e isso não é DÍZIMO.

O DÍZIMO é um grande **OFERTÓRIO**, no qual oferecemos nossas dádivas. Ajuda a Comunidade a se organizar e progredir na vida cristã. Agradecemos ao Senhor tudo o que Ele nos deu gratuitamente. Assim somos apenas uns administradores das "riquezas de Cristo".

Esse modo de proceder, o DIZIMISTA aprende a fazê-lo à medida que vai se colocando à disposição da graça de Deus. De pouco em pouco, até o sempre...

DÍZIMO: GESTO DE PARTILHA

DÍZIMO é PARTILHA. Há muitas necessidades entre nós, no Brasil, nas Comunidades. Aqui o DÍZIMO significa PARTILHA, pois ele servirá à Comunidade, aos necessitados. Vida cristã é partilha.

Aqui não há "MEU DÍZIMO", mas já é "NOSSO DÍZIMO", pois tudo o que é de todos é DÁDIVA de Deus. Como rezamos o Pai-Nosso?

O que nos diz Jesus: "Se estás, portanto, para fazer tua oferta diante do altar e te lembrares de que teu irmão tem alguma coisa contra ti, deixa lá tua oferta diante do altar e vai primeiro reconciliar-te com teu irmão; só então vem fazer tua oferta" (Mt 5,23-24).

O medo de perder – portanto, de não partilhar – faz-nos mesquinhos.

Celebrando o Dízimo na Comunidade paroquial: *Orientações práticas*

Toda celebração é uma atitude de fé, que nos reúne no Senhor. Por isso todo empenho, para realizá-la bem, manifesta o "tamanho" de nossa fé.

A "Celebração do Dízimo" na Comunidade, marcada essencialmente pela Palavra do Senhor, além da riqueza que temos diante de nós, que é a Palavra do Senhor, descobrimos o quanto somos fortes e que valor temos, pois fazemos da Comunidade o lugar do reinado de Deus. Por causa dele e nele, é que realizamos nossos encontros, partilhamos nossa vida e vivemos no compromisso fraterno com o Reino de Cristo.

A "**Pastoral do Dízimo**" nas Comunidades tem uma história longa e precisa ser valorizada. Mas é preciso também redescobrir outros valores adjacentes à mesma causa. Aqui vamos chamar os "**Agentes do Dízimo**" de "**Missionários da Partilha**", pois assim parece ser mais justo e viável, pela ação significante que exercem na Comunidade paroquial. Já procuramos definir, no início, o sentido do ser "**Missionários da Partilha**".

Para esse "Projeto Orante", as "celebrações" foram pensadas para cada mês do ano, por isso alcança o número de Doze Celebrações. Desejou-se celebrar o que se celebra em cada mês, por exemplo: Mês de maio, Maria; mês de setembro, a Palavra; mês de outubro, a Missão etc. Seguiu-se um itinerário comum, pois assim facilitará a quem for coordenar a Celebração.

Janeiro: "Somos Missionários da Partilha"
Fevereiro: "Anunciar a verdade de Cristo"
Março: "O Senhor é nosso Redentor"
Abril: "O Senhor é nossa vida e ressurreição"
Maio: "Unidos em Cristo com Maria"
Junho: "Partilhar a vida e o pão"
Julho: "A vida, dádiva divina"
Agosto: "Ouvir seu chamado e responder"
Setembro: "A Palavra, comunicação de amor"
Outubro: "Vinde, vede e anunciai"
Novembro: "Viver nele, ressuscitar com Ele"
Dezembro: "Deus sempre presente e nascente entre nós"

Não há função definida, por isso é preciso alguém tomar a iniciativa para organizar a celebração, buscando sempre a melhor participação possível das pessoas. É preciso também ter um dirigente que, com experiência mais trabalhada, possa conduzir, orientar a Celebração, para que seja bem orante, compreensiva e esteja ao alcance de todos.

Basta uma boa olhada no texto celebrativo proposto para se ver a facilidade em organizá-lo e conduzi-lo oracionalmente.

Certamente que, havendo esforço e dedicação, tudo sairá muito belo e quase perfeito, pois o Senhor olha para nosso querer, mesmo que o fazer não alcance o que esperávamos alcançar. *Deo gratias*!

ORAÇÕES

Oração do Missionário da Partilha (1)

Pai santo, contemplando Jesus Cristo,
vosso Filho bem-amado, que se entregou por nós na cruz,
e tocado pelo amor que o Espírito Santo derrama em nós,
manifesto, com esta contribuição,
minha pertença à Igreja,
solidário com sua missão e com os mais necessitados.
De todo o coração, ó Pai,
contribuo com o que posso: recebei, ó Senhor. Amém.

Oração do Missionário da Partilha (2)

Pai Santo, vós nos destes tudo,
pois nos entregastes vosso próprio Filho,
Jesus Cristo, nosso Salvador,
abri, por vossa misericórdia, nosso coração,
e seja nossa contribuição sinal vivo e solidário
e compromisso de partilha com a Comunidade
e com vosso Reino, na Igreja.
Maria, Mãe de Cristo, guiai nossos passos
no caminho e no ensinamento de Jesus. Amém.

1. Somos Missionários da Partilha

O grande risco do mundo atual, com sua múltipla e avassaladora oferta de consumo, é uma tristeza individualista que brota do coração comodista e mesquinho, da busca desordenada de prazeres superficiais, da consciência isolada (Evangelii Gaudium, 2).

Cântico: a escolher

1. CAMINHANDO COM JESUS

— Em nome do Pai † e do Filho e do Espírito Santo.

— Amém.

— O Senhor nos reuniu para nos manifestar seu amor, que nos une como irmãos e irmãs.

— Bendito seja o Senhor, que não se cansa de nos amar e servir.

— O Espírito de Cristo, nosso Senhor, desperte-nos para o seguimento dele no amor.

— E nós sejamos fortalecidos em nossa missão de "Missionários da Partilha" entre irmãos.

— Glória ao Pai Criador, ao Filho Redentor e ao Espírito Santo de Amor.

— Agora e pelos séculos sem-fim. Amém.

2. NO LOUVOR, NA GRATIDÃO

— Deus de misericórdia e de bondade,

— concedei-nos vossa luz e vossa paz!

— Vós, que fizestes conosco a Aliança de amor eterno em Jesus,

— concedei-nos vossa luz e vossa paz!

— Vós, que instituístes a Igreja, sinal de vosso Reino,

— concedei-nos vossa luz e vossa paz!

— Vós, que, em vosso Filho Jesus, reunistes o povo disperso,

— fazei-nos ser vosso povo fiel!

— Vós, que nos fizestes o povo da nova Aliança,

— fazei-nos ser vosso povo fiel!

— Vós, que não aprovais o desprezo à vida,

— fazei-nos ser vosso povo fiel!

— Vós, que sois a força da vida e da esperança,

— firmai nossos passos na nova Aliança!

— Fazei-nos fiéis na verdade de vosso Reino,

— firmai nossos passos na nova Aliança!

— Inspirai-nos atitudes fraternas e solidárias,

— firmai nossos passos na nova Aliança!

— Bendito seja o Senhor, nosso Deus, agora e para sempre.
— Amém, assim seja, amém.
Cântico: a escolher

3. JESUS E NOSSO TEMPO

— Senhor Jesus, vós não nos tirais do mundo, pois é aqui que vamos servir e amar a vós e aos irmãos.
— Vamos viver a fé, escutando vossa Palavra e partilhando a vida com os irmãos e as irmãs.
— Este tempo, em que vivemos, tem suas exigências, e o mundo espera o testemunho dos cristãos.
— Se há egoísmo e indiferença, a partilha é um grito da profecia da esperança.
— "Missionários da Partilha" é o que seremos em nossa Comunidade paroquial, pois partilhar foi o que Jesus nos ensinou.
— Que beleza e que grandeza dessa Igreja tão bonita, que nos ensina a partilhar e a vida entregar, bem do jeito de Jesus!
— Glória ao Pai, ao Filho e ao Espírito Santo,
— como era no princípio, agora e sempre. Amém.

4. A PALAVRA É NOSSA LUZ

— Deus nos chama para sermos uma bênção onde estivermos, pois assim viviam os primeiros cristãos.
— Deus espera que partilhemos os dons, pois todos somos nascidos de seu Coração.
— Deus nos chama para uma grande missão, como chamou Abraão, Moisés, Pedro e João...
— Deus deseja e anseia que sejamos partilha de seu amor, de sua alegria.
— A Palavra vem nos orientar e vai nos mostrar como viviam os primeiros cristãos, sem miséria, fome ou solidão,
— pois cada um repartia o que era seu, com amor e gratidão. Amém.

- Cântico à Palavra de Deus
- Anúncio - **Os primeiros cristãos** - At 2,42-47

42Eles perseveravam na doutrina dos apóstolos, na vida em comunida-
de, na fração do pão e nas orações. 43O temor se apoderava de todos,
e eram numerosos os prodígios e sinais feitos pelos apóstolos. 44Todos
os que creram estavam juntos e tinham tudo em comum. 45Vendiam
suas propriedades e seus bens e distribuíam o dinheiro entre todos,
conforme cada um precisava. 46Unidos de coração, frequentavam to-

dos os dias o templo e partiam o pão em suas casas, tomando as refeições com alegria e simplicidade de coração. [47]Louvavam a Deus e gozavam da estima de todo o povo. E cada dia o Senhor ia ajuntando à comunidade os que seriam salvos.
- Palavra do Senhor.
- Graças a Deus!

(Alguém da Comunidade poderá dizer uma mensagem do texto bíblico proclamado, com o tema do dia.)
(**Sugestão - SÍMBOLO:** *Alguém que seja "Missionário da Partilha" (da Pastoral do Dízimo) entra com algum símbolo referente ao Dízimo e o coloca em um lugar adequado.*)

5. GUIADOS PELO AMOR
— Senhor Deus, unidos na prece suplicante, vimos vos bendizer e vos louvar, pois, acima de tudo, é vosso amor que nos guia na missão e na ação da caridade. Por isso nós vos dizemos com gratidão: **Obrigado, Senhor, nosso Deus!**
1. PORQUE nossa Comunidade está viva, unida e sabe partilhar seus dons.
2. PORQUE nos esforçamos para fazer nossa Comunidade frutificar nos valores do Reino.
3. PORQUE temos a certeza da presença do Senhor bem junto de todos nós e dos "Missionários da Partilha".
4. PORQUE as crianças, os jovens, as famílias são amados e têm seu lugar entre nós.
5. PORQUE a graça divina nos desperta em cada dia para a prática do bem, da caridade e da união.

(Outras súplicas, outros agradecimentos...)
— E, assim, unidos no Senhor, nosso Deus, que nos chamou para a missão da partilha em nossa Comunidade, nós rezamos: **Pai Nosso...**

PARTICIPO da COMUNIDADE: *Partilhar é a mais bela experiência que posso fazer de modo pessoal e, ao mesmo tempo, integrado na Comunidade, pois, com minha participação, formo o Corpo de Cristo, que é a Igreja, que é a Comunidade. Assim, posso também compreender o belo sentido de ser "**Missionários da Partilha**", o empenho de pessoas no trabalho a favor da Comunidade. Sou chamado a somar e não a diminuir; sou chamado a participar e não a me isolar. Por isso dízimo é e será sempre uma dádiva na Comunidade, mas depende de minha participação. Eu posso dar um passo a mais em minha fé.*

6. COM DEUS, COM A IGREJA, COM A COMUNIDADE

— Senhor Deus, vossa Palavra veio nos ensinar a amar, servir e tocou profundamente nosso coração, às vezes adormecido e quieto, diante de tantas coisas por fazer.

— Despertai-nos para o compromisso cristão e firmai-nos como "Missionários da Partilha" entre os irmãos.

— Fazei-nos dialogar uns com os outros sobre a vida, que precisa ser amada, partilhada e respeitada.

— Na força da união, ninguém pode conter a força de transformação do cristão.

— Senhor, nós confiamos em vós e esperamos ser sempre guiados por vós, em cada dia de nossa vida.

— Como a luz do sol resplandece em toda a terra, fazei, Senhor, resplandecer sobre nós vosso amor. Amém.

7. ORAÇÃO DO MISSIONÁRIO DA PARTILHA *(a escolher, p. 11)*

8. IDE, ANUNCIAI!

— O Senhor nos envie, inspire-nos e nos guie no anúncio da verdade libertadora.

— Amém.

— O Senhor nos ajude a trabalhar com alegria como "Missionários da Partilha" e a anunciar com fervor a copiosa redenção.

— Amém.

— O Senhor faça reinar em nosso coração a misericórdia divina, e nossa vida e ação missionária sejam carregadas de humildade e amor misericordioso.

— Amém.

— Maria, aquela que acolheu Deus e foi por Ele acolhida, inspire-nos na missão batismal.

— Sim, com Maria vamos contar todos os dias!

— O Senhor esteja perto de nós como nosso grande amigo. Esteja a nossa frente para nos proteger; esteja a nosso lado para nos guardar; esteja em nosso coração para nos fazer felizes. Ele nos guie nos caminhos da vida e na certeza de sua paz. Vamos em paz e o Senhor nos acompanhe.

— Amém! Assim seja! Amém!

Cântico: a escolher

2. Anunciar a verdade de Cristo!

Ao início do ser cristão, não há uma decisão ética ou uma grande ideia, mas o encontro com um acontecimento, com uma Pessoa que dá à vida um novo horizonte e, desta forma, o rumo decisivo. (Bento XVI)

Cântico: a escolher

1. CAMINHANDO COM JESUS
— Em nome do Pai † e do Filho e do Espírito Santo.
— Amém.
— Reunidos em Cristo, alegramo-nos na fé que nos reúne como irmãos e irmãs neste encontro fraterno.
— Felizes os que respondem com ardor ao chamado do Senhor.
— O Espírito Santo guie nossos pensamentos e nossas atitudes como "Missionários da Partilha"
— e nos faça anunciadores fiéis da verdade de Cristo.
— Glória ao Pai Criador, ao Filho Redentor e ao Espírito Santo de Amor.
— Agora e pelos séculos sem-fim. Amém.

2. NO LOUVOR, NA GRATIDÃO
— Deus da vida e de nossa salvação,
— nós vos louvamos e vos bendizemos!
— A vós, que sois a pedra viva rejeitada,
— nós louvamos e bendizemos!
— A vós, que sois o Sumo e eterno Sacerdote,
— nós louvamos e bendizemos!
— Vós, que sois a Luz, que dissipa as trevas,
— fazei vossa verdade transbordar em nossa vida!
— Vós, que sois a nova e eterna Aliança de amor,
— fazei vossa verdade transbordar em nossa vida!
— Firmai-nos no caminho de vosso Reino,
— fazei vossa verdade transbordar em nossa vida.
— Fazei-nos ser solidários e fraternos,
— agora e em cada dia de nossa vida!
— Inspirai nossa vida de Comunidade,
— agora e em cada dia de nossa vida!
— Concedei a vosso povo a alegria e a paz,
— agora em cada dia de nossa vida! Amém!
— Bendito seja o Senhor, nosso Deus, agora e para sempre.
— Amém, assim seja, amém.
Cântico: a escolher

3. JESUS E NOSSO TEMPO

— Desde toda a eternidade, o Senhor volta seu olhar bondoso e misericordioso para nossa humanidade

— e, em seu amor, faz de nós sua imagem e semelhança!

— Ele nos criou com uma dignidade humana e divina, e nada poderá nos tirar o que nos deu o próprio Deus.

— É bem-aventurado quem defende a vida. É bem-aventurado quem respeita o dom de Deus!

— Foi Moisés o enviado de Deus, sem armas e sem exército, para libertar o povo da opressão que sofria no Egito.

— Conduziu um povo inteiro para a Terra prometida, onde corria leite e mel!

— O Senhor espera que sejamos libertadores e libertados do egoísmo e da falsidade, do político que oprime e de quem não cumpre a justiça, pois deseja que se realize agora a Terra prometida de outrora.

— Vivamos de verdade em um mundo irmão, sem ódio, sem guerra, sem injustiça e sem dominação. Amém!

— Glória ao Pai, ao Filho e ao Espírito Santo,

— como era no princípio, agora e sempre. Amém.

4. A PALAVRA É NOSSA LUZ

— Senhor Deus, mesmo diante das dificuldades que encontramos na vida terrena, jamais vamos desanimar, pois temos certeza de vossa presença junto de nós. Vosso Filho é a verdade viva e presente entre nós. Ele nos anunciou vosso Reino, e agora somos continuadores de sua missão. Ajudai-nos, pois, a cumprirmos nossa missão por causa do batismo que recebemos.

— Unidos em vosso amor, nada irá nos impedir de viver em nossa Comunidade e dela participar. Amém.

- Cântico à Palavra de Deus

- Anúncio - **Missão de Moisés** - Êx 3,1-2a.4-8a.9-10

1Moisés era pastor do rebanho de Jetro, seu sogro, sacerdote de Madiã.
Um dia, levou o rebanho deserto adentro e chegou ao Horeb, a mon-
tanha de Deus. 2Ali, apareceu-lhe o anjo do Senhor em uma chama de
fogo, do meio de uma sarça. 4Vendo o Senhor que Moisés se voltava
para observar, chamou-o do meio da sarça, dizendo: "Moisés, Moisés!"
Respondeu ele: "Eis-me aqui". 5Deus lhe disse: "Não te aproximes da-
qui! Tira as sandálias dos pés, porque o lugar onde estás é uma terra
santa". E acrescentou: 6"Eu sou o Deus de teu pai: o Deus de Abraão, o
Deus de Isaac e o Deus de Jacó". Moisés cobriu o rosto, temendo olhar

para Deus. [7]O Senhor disse ainda: "Eu vi, eu vi a miséria de meu povo
no Egito e ouvi o clamor que lhe arrancam seus opressores; sim, conhe-
ço suas aflições. [8]Desci para libertá-lo das mãos dos egípcios e levá-lo
daquela terra para uma terra boa e espaçosa, terra onde corre leite e
mel. [9]O clamor dos israelitas chegou até mim; e vi também a opressão
com que os egípcios os oprimem. [10]Agora, pois, vai! Eu te envio ao faraó
para que tires do Egito meu povo, os israelitas".

– Palavra do Senhor.

– Graças a Deus!

(Alguém da Comunidade poderá dizer uma mensagem do texto bíblico proclamado, com o tema do dia.)

(**Sugestão – SÍMBOLO:** *Fazer um caminho – com pó de serra, por exemplo – que leve até o altar. Nele colocar letreiros com os dizeres: Solidariedade – Partilha – Compromisso – Caridade – União – Reino de Deus...*)

5. GUIADOS PELO AMOR

— Senhor Deus, nós vos bendizemos de nosso coração. Vós sois nosso Deus, escutai agora a nós, vossos filhos e vossas filhas. Por isso nós vos rezamos: **Sede bendito, Senhor, nosso Deus!**

1. POR causa de todo bem que as pessoas fazem para os mais necessitados em todos os lugares do mundo.
2. POR causa da Igreja, sacramento de vosso Reino, que anuncia com alegria e fervor o santo Evangelho.
3. POR causa dos que se lançam no trabalho a favor da dignidade dos oprimidos, excluídos e abandonados na sociedade.
4. POR causa das crianças e dos jovens que têm seu lugar dentro da Comunidade e podem descobrir vosso amor divino.
5. POR causa de todos os dizimistas e dos "Missionários da Partilha" que ajudam a Comunidade crescer na caridade.

(Outras súplicas, outros agradecimentos...)

— Confiantes em vossa graça e bondade, Senhor, nosso Deus, rezamos como vosso Filho nos ensinou: **Pai Nosso...**

PARTICIPO da COMUNIDADE: *Dízimo sempre foi uma bênção do céu. Ele nos leva a partilhar os dons, os frutos do trabalho humano e, principalmente, a vida. Deus nos escolhe sempre, e o que devemos fazer? Escolhê-lo sempre! Fomos escolhidos e devemos escolher! Sim, pois há inúmeras propostas continuamente para nós. Quando dizemos que dízimo é uma bênção, estamos manifestando um sinal de gratidão por aquele que nos dá tudo o que nos é necessário para viver: nosso Deus e Senhor! "O Senhor* *nos abençoou com toda sorte de bênçãos (Ef 1,3), diz-nos* ***o apóstolo Paulo. O egoísmo é exatamente usar de modo errado os bens que Deus criou para todos.*** *Pensemos, sim, em nossa partilha.*

6. COM DEUS, COM A IGREJA, COM A COMUNIDADE

— Senhor, tocai em nossa consciência de cristãos, e assim nos despertemos para os valores de vosso Reino e o cultivemos em nossa vida.

— Favorecei-nos com vossa graça e guiai-nos por vossa misericórdia.

— Abri nossos olhos para vermos e reconhecermos os valores de vosso Reino presentes em nossa Comunidade-Igreja. Juntos é que somos vosso povo.

— Na força da união, sentimos o valor de sermos irmãos.

— Senhor, guiai a ação e a vida dos "Missionários da Partilha", para que, sendo fervorosos no espírito cristão, sejam capazes de acolher a muitos feridos a nosso redor.

— Ajudai-nos, Senhor, por vossa bondade, alcançar nossos propósitos. Amém.

7. ORAÇÃO DO MISSIONÁRIO DA PARTILHA *(a escolher, p. 11)*

8. IDE, ANUNCIAI!

— O Senhor nos envie, inspire-nos e nos guie no anúncio da verdade libertadora.

— Amém.

— O Senhor nos ajude a trabalhar com alegria como "Missionários da Partilha" e a anunciar, com fervor, a copiosa redenção.

— Amém.

— O Senhor faça reinar em nosso coração a misericórdia divina, e nossa vida e ação missionária sejam carregadas de humildade e amor misericordioso.

— Amém.

— Maria, aquela que acolheu Deus e foi por Ele acolhida, inspire-nos na missão batismal.

— Sim, com Maria vamos contar todos os dias!

— O Senhor esteja perto de nós como nosso grande amigo. Esteja a nossa frente para nos proteger; esteja a nosso lado para nos guardar; esteja em nosso coração para nos fazer felizes. Ele nos guie nos caminhos da vida e na certeza de sua paz. Vamos em paz e o Senhor nos acompanhe.

— Amém! Assim seja! Amém!

Cântico: a escolher

3. O Senhor é nosso Redentor!

A proposta é viver a um nível superior, mas não com menor intensidade: "Na doação, a vida se fortalece e se enfraquece no comodismo e no isolamento. De fato, os que mais desfrutam da vida são os que deixam a segurança da margem e se apaixonam pela missão de comunicar a vida aos demais" (EG, 10).

Cântico: a escolher.

1. CAMINHANDO COM JESUS

— Em nome do Pai † e do Filho e do Espírito Santo.
— Amém.
— **Ó Pai, olhai com bondade para nós agora reunidos para celebrar nosso compromisso de Comunidade.**
— Bendito seja o Senhor, que nos reúne em seu amor.
— O Espírito Santo conduza nossos sentimentos, seu amor nos faça partilhar a vida e os dons e possamos todos nos enriquecer com o amor divino.
— A vida tem sentido se aprendemos a reparti-la, os dons e o pão, para que nunca falte na mesa do irmão.
— Glória ao Pai Criador, ao Filho Redentor e ao Espírito Santo de Amor.
— Agora e pelos séculos sem-fim. Amém.

2. NO LOUVOR, NA GRATIDÃO

— Deus de misericórdia e de bondade,
— concedei-nos vossa luz e vossa paz!
— Vós, que fizestes conosco a Aliança de amor eterno em Jesus,
— concedei-nos vossa luz e vossa paz!
— Vós, que instituístes a Igreja, sinal de vosso Reino,
— concedei-nos vossa luz e vossa paz!
— Vós, que, em vosso Filho Jesus, reunistes o povo disperso,
— fazei-nos ser vosso povo fiel!
— Vós, que nos fizestes o povo da nova Aliança,
— fazei-nos ser vosso povo fiel!
— Vós, que não aprovais o desprezo à vida,
— fazei-nos ser vosso povo fiel!
— Vós, que sois a força da vida e da esperança,
— firmai nossos passos na nova Aliança!
— Fazei-nos fiéis na verdade de vosso Reino,
— firmai nossos passos na nova Aliança!
— Inspirai-nos atitudes fraternas e solidárias,
— firmai nossos passos na nova Aliança!

— Bendito seja o Senhor, nosso Deus, agora e para sempre.
— Amém, assim seja, amém.
Cântico: a escolher.

3. JESUS E NOSSO TEMPO

— Recordemos com alegria a missão de João Batista nas margens do rio Jordão, onde pregava a chegada do Messias, o Cordeiro de Deus, e realizava o batismo de conversão.
— Com a graça de Deus, nós vamos mudar o que precisa ser mudado em nosso coração.
— Se benditas eram as águas do Jordão, que convidavam para um novo êxodo, o Evangelho nos chama para uma vida de mais união
— em nossas Comunidades, para uma vida de fraternidade, de alegria e de partilha do pão!
— Os simples se aproximavam, escutavam o que João dizia e se enchiam de esperança no novo tempo que ele anunciava. Tamanha foi a alegria em ver o Cordeiro de Deus, em plena luz do dia!
— Vamos viver a graça de Deus em cada dia!
— Vossa luz, ó Jesus, nascido de Maria, afugente do meio de nós as trevas do orgulho, do egoísmo, das vaidades e da hipocrisia, pois vamos abraçar com força e maestria nossa missão batismal.
— Seremos uma Igreja Ministerial, em que o serviço de amor ocupa o primeiro lugar. Amém!
— Glória ao Pai, ao Filho e ao Espírito Santo,
— como era no princípio, agora e sempre. Amém.

4. A PALAVRA É NOSSA LUZ

— Senhor, nosso Deus, chegue até vós nosso louvor, nosso clamor, nossa oração. O sentimento de partilha e de união em vosso Reino nos toca profundamente. Acalentai em nosso coração vossa verdade e a Aliança de amor de vosso Reino, que nos fazem ser "Missionários da Partilha" em nossa Comunidade, pois esse é o desejo de vosso Filho, nosso Senhor e Redentor.
— Ouvindo vossa Palavra, alimentemos nossa alma de luz e de esperança. Amém.

- Cântico à Palavra de Deus
- Anúncio – **Nicodemos e Jesus** – Jo 3,1-8

1Havia entre os fariseus um homem chamado Nicodemos, que pertencia
à elite do povo judeu. 2Certa noite, ele foi ter com Jesus e lhe disse: "Rabi,
sabemos que vens da parte de Deus como Mestre; pois ninguém é capaz
de fazer os milagres que fazes, se Deus não estiver com ele". 3Respondeu-
-lhe Jesus: "Eu lhe afirmo com toda certeza: se a gente não nascer do alto,

não pode ver o Reino de Deus”. 4Nicodemos perguntou-lhe: “Como pode
o homem nascer, sendo já velho? Certamente, não vai entrar de novo no
seio de sua mãe e nascer...” 5Respondeu-lhe Jesus: “Eu lhe afirmo com
toda certeza: se a gente não nascer da água e do Espírito, não pode entrar
no Reino de Deus. 6O que nasce da carne é carne; o que nasce do Espírito
é espírito. 7Não se admire porque eu lhe disse que vocês precisam nascer
do alto. 8O vento sopra onde quer, e a gente ouve sua voz, mas não sabe de
onde vem nem para onde vai. Assim é todo aquele que nasceu do Espírito”.

- Palavra da Salvação.

- Glória a vós, Senhor.

(Alguém da Comunidade poderá dizer uma mensagem do texto bíblico proclamado, com o tema do dia.)

(**Sugestão – SÍMBOLO:** *Alguém poderá entrar com o Evangelho, ao som de um musical ou algum canto, e o colocar sobre o altar, pois Evangelho e Jesus são uma só verdade.)*

5. GUIADOS PELO AMOR

— Senhor Deus, vosso Filho apareceu entre nós, sem casa, sem bagagem, sem nenhum bem para se sustentar. Vosso Filho é o pobre de Nazaré e quer nos enriquecer com seu amor sem-fim: Ó Jesus, fazei-nos santuários da vida!

1. QUANDO estivermos caminhando com esforço e lutando a favor da harmonia e da paz...
2. QUANDO desanimarmos diante das muitas dificuldades da vida, da insegurança e da incerteza...
3. QUANDO outros pensamentos e desejos relativos e passageiros quiserem roubar o lugar do amor verdadeiro...
4. QUANDO houver união e fraternidade, atenção e amorosidade e vontade de superar as dificuldades...
5. QUANDO não tivermos reservas para partilhar a vida e os dons, tão abençoados pelo amor divino...

(Outras súplicas, outros agradecimentos...)

— Unidos na Comunidade, no desejo sincero de partilhar, pois foi isso que Cristo fez, nós rezamos: **Pai Nosso...**

PARTICIPO da COMUNIDADE: *O dízimo nos educa e nos faz compreender, com mais sabedoria, que a partilha é verdade divina. Abraão, **já no Antigo Testamento**, faz-nos compreender que é a fé nossa maior motivação. Por isso até se dispôs a sacrificar seu filho Isaac para provar o quanto esperava no Senhor. Claro, o Senhor não permitiu que ele chegasse a esse extremo. Partilhar é um gesto tão digno quanto o de Abraão, pois* *somamos com os irmãos no sustento de nossa Comunidade e no acudimento de suas necessidades. Se nossa fé ainda não é do tamanho de uma semente de mostarda, certamente teremos dificuldades para compreendermos e partilharmos. Mas podemos superar e recomeçar de verdade.*

6. COM DEUS, COM A IGREJA, COM A COMUNIDADE

— Senhor, como é bom sentir vosso amor, que nos reanima e nos consola na labuta desta vida.

— No Senhor e na partilha, renascem a esperança e a vontade de amarmos ainda mais os irmãos.

— Jesus, Filho de Deus, nascido de Maria, vós sois nosso Redentor, que por nós destes vossa própria vida.

— Vós nos ensinastes que é preciso amar, repartir, servir, pois esse é o caminho que nos conduz ao céu.

— Espírito Santo de amor, que une o Pai e o Filho, uni nossa Comunidade na escuta do Evangelho e na caridade.

— No Senhor está a força de que precisamos para continuarmos nossa missão de "Missionários da Partilha". Amém.

7. ORAÇÃO DO MISSIONÁRIO DA PARTILHA *(a escolher, p. 11)*

8. IDE, ANUNCIAI!

— O Senhor nos envie, inspire-nos e nos guie no anúncio da verdade libertadora.

— Amém.

— O Senhor nos ajude a trabalhar com alegria como "Missionários da Partilha" e anunciar com fervor a copiosa redenção.

— Amém.

— O Senhor faça reinar em nosso coração a misericórdia divina, e nossa vida e ação missionária sejam carregadas de humildade e amor misericordioso.

— Amém.

— Maria, aquela que acolheu Deus e foi por Ele acolhida, inspire-nos na missão batismal.

— Sim, com Maria vamos contar todos os dias!

— O Senhor esteja perto de nós como nosso grande amigo. Esteja a nossa frente para nos proteger; esteja a nosso lado para nos guardar; esteja em nosso coração para nos fazer felizes. Ele nos guie nos caminhos da vida e na certeza de sua paz. Vamos em paz e o Senhor nos acompanhe.

— Amém! Assim seja! Amém!

Cântico: a escolher.

4. O Senhor é nossa vida e ressurreição!

Um evangelizador não deveria ter constantemente uma cara de funeral. Recuperemos e aumentemos o fervor de espírito, "a suave e reconfortante alegria de evangelizar, mesmo quando for preciso semear com lágrimas!..." (EG, 10).

Cântico: a escolher.

1. CAMINHANDO COM JESUS
— Em nome do Pai † e do Filho e do Espírito Santo.
— Amém.
— Pai de bondade, estamos reunidos em vosso Filho, que nos ensinou a partilhar a vida.
— Guiai-nos com vossa luz, e sejam nossos sentimentos verdadeiros e sinceros.
— Vosso Espírito Santo, que é vosso Amor eterno, faça-nos conhecer a alegria de partilhar e servir.
— Ajudai-nos, Senhor, a sermos fervorosos no espírito e cheios de amor.
— Glória ao Pai Criador, ao Filho Redentor e ao Espírito Santo de Amor,
— agora e pelos séculos sem-fim. Amém.

2. NO LOUVOR, NA GRATIDÃO
— Bem-aventurados os que vos buscam sem cessar.
— Em vós encontrarão a vida e a paz!
— Bem-aventurados os que labutam na defesa da vida.
— Em vós encontrarão a vida e a paz!
— Bem-aventurados os que promovem a vida e a justiça.
— Em vós encontrarão a vida e a paz!
— Bem-aventurados os que matam a fome dos famintos.
— Serão como estrelas no firmamento!
— Bem-aventurados os que saciam os sedentos de vida e de paz.
— Serão como estrelas no firmamento!
— Bem-aventurados os que fazem da vida uma entrega de amor.
— Serão como estrelas no firmamento!
— Firmai vosso povo nos caminhos de vosso Reino.
— Deus da vida, Deus da paz, socorrei-nos!
— Iluminai nossos passos no caminho para vós.
— Deus da vida, Deus da paz, libertai-nos!
— Fazei-nos um povo unido e forte em vossa Aliança eterna.
— Deus da vida, Deus da paz, salvai-nos! Amém!

— Bendito seja o Senhor, nosso Deus, agora e para sempre.
— Amém, assim seja, amém.
Cântico: a escolher.

3. JESUS E NOSSO TEMPO
— Maria, ao ouvirdes a voz do Anjo Gabriel, vós vos dispusestes em tudo cumprir a vontade de Deus.
— E o Verbo eterno do Pai, Jesus, o Redentor, encarnou-se entre nós.
— Vossa presença aos pés da cruz, onde estáveis em pé, chama-nos à fidelidade no amor, na solidariedade com os oprimidos.
— Eles estão abandonados, por causa de tanta ganância e exclusão.
— No altar do Calvário, vosso Filho Jesus foi inteira doação de vida e de salvação e vós sabíeis que nele estava a plenitude da vida, a ressurreição.
— É nossa esperança alcançar a verdade do Reino, que é um mundo-irmão.
— Quem pode superar tamanha ignomínia e tanto sofrimento se não for pelo amor que Ele nos tem? Certamente é preciso aprender de Jesus e fazer da cruz nossa vitória.
— Convosco, Jesus, queremos contar nas labutas de nossa vida. Amém.
— Glória ao Pai, ao Filho e ao Espírito Santo,
— como era no princípio, agora e sempre. Amém.

4. A PALAVRA É NOSSA LUZ
— Senhor Deus, vosso Filho é nossa vida e ressurreição, pois Ele em tudo fez vossa vontade. Assumiu o altar do Calvário por amor a nós e a vós. Ajudai-nos também alcançar tamanha fidelidade e partilhar com os irmãos e as irmãs a alegria de viver na doação e na caridade.
— Senhor, dai-nos a graça de vos amar nos irmãos e nas irmãs e de, com eles, sermos "Missionários da Partilha". Amém.

- Cântico à Palavra de Deus
- Anúncio - **Maria e Jesus** - Jo 19,25-27
[25]Junto à cruz de Jesus, estavam de pé sua mãe, a irmã de sua mãe,
Maria, mulher de Cléofas, e Maria Madalena. [26]Jesus, vendo sua mãe
e, perto dela, o discípulo que amava, disse à sua mãe: "Mulher, eis aí
teu filho". [27]Depois disse ao discípulo: "Eis aí tua mãe". E, desta hora em
diante, o discípulo acolheu Maria em sua casa.
- Palavra da Salvação.
- Glória a vós, Senhor.

(Alguém da Comunidade poderá dizer uma mensagem do texto bíblico proclamado, com o tema do dia.)
(**Sugestão - SÍMBOLO:** *Entrar um cartaz que mostre - seja escrito ou com recortes de figuras, de jornal... - onde o Dízimo ajudou a realizar um bem, seja na Comunidade, em alguma família ou com uma pessoa.*)

5. GUIADOS PELO AMOR

— Senhor Deus, a vós elevamos nossa súplica, pois vosso povo necessita de vossa proteção: **Dai-nos, Senhor, vossa misericórdia!**
1. QUANDO nos encontrarmos em maior dificuldade e até estivermos meio desanimados...
2. FAZEI reinar, em nossa Família, o diálogo, a concórdia e a paz...
3. QUANDO o egoísmo bater à nossa porta, tirando-nos a alegria da vida...
4. SEDE compassivo conosco, pois nosso querer é viver unidos a vós e em nossa Comunidade...

(Outras súplicas, outros agradecimentos...)
— Porque a vida é gerada no amor, rezemos do jeito de Jesus, nosso Senhor: **Pai Nosso...**

PARTICIPO da COMUNIDADE: *Dízimo é tão importante na Comunidade, pois vai ressaltar o dom da vida. Se ele acorre às necessidades das pessoas, está indo ao encontro da defesa da vida; e isso* ***é muito digno e cristão****! A união fraterna que o Dízimo traz para a Comunidade também é muito sensível, pois a Comunidade deve ser o centro de irradiação do amor, da fraternidade, da justiça... Ela deve ser o contraponto da sociedade consumista e injusta em que vivemos, que exclui quem é limitado, quem não produz. Produzir e não amar é o princípio básico do capitalismo. Agora Evangelho é partilha, doação, generosidade... Evangelho é profecia na realidade em que vivemos. O Senhor do tempo e da história, da vida e de nossa redenção continua a nos chamar para a partilha, para a pertença e para a presença na Igreja.*

6. COM DEUS, COM A IGREJA, COM A COMUNIDADE

— Senhor, vós nos acolheis todos os dias em vossa misericórdia, e experimentamos vossa presença, que nos revigora e nos faz olhar adiante, com olhar de esperança.
— Fazei com que nosso coração tenha sempre sentimentos de amor que partilha a vida e os dons.
— Fazei-nos sentir a inseparável alegria em sabermos que vós nos amais e nos estendeis vossas mãos para nos guiar.

— Vivendo na Comunidade, buscando a unidade gerada pela caridade, seremos felizes, Senhor.
— Senhor, o dízimo que apresentamos é tão pouco, muito pouco, diante da imensidão de tudo o que nos dais.
— Mas vós aceitais, pois sabeis que o fazemos com sinceridade de coração. Amém.

7. ORAÇÃO DO MISSIONÁRIO DA PARTILHA *(a escolher, p. 11)*

8. IDE, ANUNCIAI!

— O Senhor nos envie, inspire-nos e nos guie no anúncio da verdade libertadora.
— Amém.
— O Senhor nos ajude a trabalhar com alegria como "Missionários da Partilha" e anunciar com fervor a copiosa redenção.
— Amém.
— O Senhor faça reinar em nosso coração a misericórdia divina, e nossa vida e ação missionária sejam carregadas de humildade e amor misericordioso.
— Amém.
— Maria, aquela que acolheu Deus e foi por Ele acolhida, inspire-nos na missão batismal.
— Sim, com Maria vamos contar todos os dias!
— O Senhor esteja perto de nós como nosso grande amigo. Esteja a nossa frente para nos proteger; esteja a nosso lado para nos guardar; esteja em nosso coração para nos fazer felizes. Ele nos guie nos caminhos da vida e na certeza de sua paz. Vamos em paz e o Senhor nos acompanhe.
— Amém! Assim seja! Amém!
Cântico: a escolher.

5. Unidos em Cristo com Maria!

A memória do povo fiel, como a de Maria, deve ficar transbordante das maravilhas de Deus. Seu coração, esperançado na prática alegre e possível do amor que lhe foi anunciado, sente que toda palavra na Escritura, antes de ser exigência, é dom (EG, 142).

Cântico: a escolher.

1. CAMINHANDO COM JESUS

— Em nome do Pai † e do Filho e do Espírito Santo.

— Amém.

— Senhor Deus e Pai, a fé em vós nos reúne e nos educa em Comunidade. Vossa Palavra bendita nos faz viver em união convosco e com vosso Filho Jesus.

— Sejam benditos os que se reúnem em Cristo com Maria.

— O Espírito Santo nos ilumina, nossa fé se fortalece e floresce, e a vida torna-se bela, pois na força da união é possível tornar o mundo mais irmão.

— Mãos educadas pelo amor são mãos que se estendem para partilhar, ajudar, apoiar...

— Glória ao Pai Criador, ao Filho Redentor e ao Espírito Santo de Amor,

— agora e pelos séculos sem-fim. Amém.

2. NO LOUVOR, NA GRATIDÃO

— Ó Deus da vida, da esperança e da paz,

— tende compaixão de nós!

— Ó Cristo, Redentor da humanidade,

— tende compaixão de nós!

— Ó Senhor, nosso Salvador,

— tende compaixão de nós!

— Ó Deus amor, nossa redenção,

— vinde e libertai-nos!

— Ó Deus de bondade infinita,

— vinde e libertai-nos!

— Ó Deus confortador e nosso Senhor,

— vinde e libertai-nos!

— Conduzi vosso povo em vossa Aliança,

— fazei-nos unidos e fortes na fé!

— Firmai nossas Comunidades na solidariedade;

— que sejam acolhedoras e fraternas!

— Ó Senhor Jesus, certeza da vida e da salvação, nós vos bendizemos. Amém.
— Bendito seja o Senhor, nosso Deus, agora e para sempre.
— Amém, assim seja, amém.
Cântico: a escolher.

3. JESUS E NOSSO TEMPO

— Maria, vós sentistes o momento de muito apuro daqueles noivos, pois faltou o que era essencial, importante para a festa: o vinho.
— Vós pedistes, e vosso Filho vos atendeu, pois é nosso Salvador.
— Bem sabemos, ó Maria, que grande ensinamento nos trazeis em vossa atitude, pois o noivo é vosso próprio Filho, que veio nos chamar para a festa de seu Reino.
— O vinho é seu sangue derramado para nos resgatar para a vida.
— É preciso caminhar, é preciso amar, servir, doar-se. Ser "Missionário da partilha" é partilhar a vida, o pão, os dons.
— Assim fez Jesus, e assim podemos e devemos fazer: sermos doação, sermos mais irmão.
— Todos ficaram muito admirados, pois começaram a entender que era aquele, que ali estava, o esperado por todas as nações.
— O Senhor deseja e espera que sejamos, em cada dia, sinais de seu Reino. Amém.
— Glória ao Pai, ao Filho e ao Espírito Santo,
— como era no princípio, agora e sempre. Amém.

4. A PALAVRA É NOSSA LUZ

— Enviai, Senhor, vosso Espírito Santo para abrir nosso coração, nossa vida e, assim, acolhermos, com mais fervor e alegria, a Palavra da vida, que nos traz alegria e muito ânimo de viver. Que vossa Palavra bendita, que vamos ouvir e acolher, frutifique em nossa vida, como a semente que foi lançada na terra, nasceu, cresceu e frutificou.
— Vinde Espírito Divino e iluminai nossa missão de "Missionários da partilha". Amém.

- Cântico à Palavra de Deus
- Anúncio - **Bodas de Caná** - Jo 2,1-5

1No terceiro dia, houve uma festa de casamento em Caná da Galileia e
lá se encontrava a mãe de Jesus. 2Também Jesus foi convidado para a
festa junto com seus discípulos. 3Faltando o vinho, a mãe de Jesus lhe
disse: "Eles não têm mais vinho". 4Respondeu-lhe Jesus: "Mulher, que

importa isso a mim e a ti? Minha hora ainda não chegou". [5]Sua mãe disse aos serventes: "Fazei tudo o que ele vos disser".
- Palavra da Salvação.
- Glória a vós, Senhor.

(Alguém da Comunidade poderá dizer uma mensagem do texto bíblico proclamado, com o tema do dia.)
(**Sugestão - SÍMBOLO:** *Entrar com uma imagem de Nossa Senhora, lembrando que ela foi "dizimista", ou seja, a grande colaboradora para que Deus realizasse sua promessa: a vinda de Cristo para nossa salvação.*)

5. GUIADOS PELO AMOR

— Senhor Deus, vós que firmastes nossos passos no caminho da redenção, escutai nossa oração: **Dai-nos, Senhor, vossa paz e salvação!**

1. QUANDO tivermos de enfrentar muitas dificuldades, e o alento fugir de nossas mãos...
2. QUANDO tudo parecer não ter mais solução, e a tristeza ocupar nosso coração...
3. QUANDO olhais com bondade para as Famílias que, no esforço de cada dia, procuram viver a união...
4. QUANDO fazeis de nossa casa a Casa de Belém e de Nazaré, para vivermos a fé e vosso querer divino...

(Outras súplicas, outros agradecimentos...)

— Educados na esperança e na força transformadora de vosso amor, nós rezamos: **Pai Nosso...**

PARTICIPO da COMUNIDADE: *A contribuição fraterna do dízimo na Comunidade manifesta nosso compromisso com a vida; e isso é bênção de Deus! Ele também ajuda-nos a vivermos a vocação cristã, pois ser dizimista é um jeito bom e bonito, é bíblico. Por meio do dízimo, revelamos nosso interesse, nosso amor, nosso serviço, nosso apoio, nossa presença... em nossa Comunidade. Sim, ela é de todos, é do Reino, mas temos de sentir que ela é nossa e depositar nosso carinho, nossa ternura, nosso amor com os irmãos e as irmãs. Foi Jesus que nos ensinou a viver em Comunidade, pois Ele mesmo chamou os Doze primeiros, para não permanecer sozinho. Escutar o chamado do Senhor sempre será necessário, pois certamente vamos encontrar necessidades que precisam ser atendidas, socorridas. Portanto contribuir com o Dízimo é ouvir a voz do Senhor, sem dúvida.*

6. COM DEUS, COM A IGREJA, COM A COMUNIDADE

— Senhor, caminhai conosco e fazei-nos sentir vossa presença junto de nós, pois quem poderá viver longe de vossa presença?

— Vosso amor é vida em nós, faz romper as barreiras e divisões e repartir o pão e o coração.

— Jesus, as pessoas iam a vosso encontro, e vós lhes estendíeis as mãos e as socorríeis em suas misérias. Para elas vós oferecíeis vossa própria vida.

— Feliz quem aprendeu a repartir com os irmãos, pois faz a mesma experiência de Jesus, nosso Redentor.

— Educai-nos com vossa Palavra, e nela descubramos como é bom e necessário andar no caminho da partilha e da solidariedade com a Comunidade e os necessitados.

— Dai-nos, Senhor, a graça de sermos autênticos "Missionários da Partilha" em nossa Comunidade-Igreja. Amém.

7. ORAÇÃO DO MISSIONÁRIO DA PARTILHA *(a escolher, p. 11)*

8. IDE, ANUNCIAI!

— O Senhor nos envie, inspire-nos e nos guie no anúncio da verdade libertadora.

— Amém.

— O Senhor nos ajude a trabalhar com alegria como "Missionários da Partilha" e anunciar com fervor a copiosa redenção.

— Amém.

— O Senhor faça reinar em nosso coração a misericórdia divina, e nossa vida e ação missionária sejam carregadas de humildade e amor misericordioso.

— Amém.

— Maria, aquela que acolheu Deus e foi por Ele acolhida, inspire-nos na missão batismal.

— Sim, com Maria vamos contar todos os dias!

— O Senhor esteja perto de nós como nosso grande amigo. Esteja a nossa frente para nos proteger; esteja a nosso lado para nos guardar; esteja em nosso coração para nos fazer felizes. Ele nos guie nos caminhos da vida e na certeza de sua paz. Vamos em paz e o Senhor nos acompanhe.

— Amém! Assim seja! Amém!

Cântico: a escolher.

6. Partilhar a vida e o pão!

Quando começou a anunciar o Reino, seguiam-no multidões de deserdados, pondo assim em evidência o que Ele mesmo dissera: "O Espírito do Senhor está sobre mim, porque me ungiu para anunciar a Boa-Nova aos pobres" (Lc 4,18 – EG, 197).

Cântico: a escolher.

1. CAMINHANDO COM JESUS

— Em nome do Pai † e do Filho e do Espírito Santo.
— Amém.
— Reunidos no Senhor, escutemos sua Palavra, que nos chama para a vida solidária e fraterna, por causa de seu amor.
— Bendito seja o Senhor, que não se cansa de nos lembrar seu amor libertador.
— O Espírito Divino nos ilumina e nos faz ser mais firmes no amor, derrubando os muros da solidão e da separação, que nos dividem.
— Quando nos esforçamos para o amor entre nós, o Senhor nos abençoa e nos faz viver na força da união.
— Glória ao Pai Criador, ao Filho Redentor e ao Espírito Santo de Amor,
— agora e pelos séculos sem-fim. Amém.

2. NO LOUVOR, NA GRATIDÃO

— Ó Família de Nazaré: Jesus, Maria e José,
— abençoai nossa Comunidade, nossa Família!
— Ó Igreja de Cristo, sacramento do Reino,
— santificai o povo peregrino!
— Ó Comunidade reunida, na escuta da Palavra,
— andai pelos caminhos do Senhor!
— Ó povo bendito, que caminha na alegria da fé,
— somos o povo do Senhor!
— Ó povo de ressuscitados, que se reúne como irmãos,
— somos o povo do Senhor!
— Ó Comunidade, rocha firme, casa edificada, força da união,
— somos o povo do Senhor!
— Libertai-nos das ideologias maldosas e sem vida,
— fazei-nos missionários da redenção!
— Guiai-nos nos caminhos de vosso Reino,
— fazei-nos missionários da redenção!
— Fazei-nos sinais de vosso Reino aqui e agora,

— fazei-nos missionários da redenção!
— Bendito seja o Senhor, nosso Deus, agora e para sempre.
— Amém, assim seja, amém.
Cântico: a escolher.

3. JESUS E NOSSO TEMPO

— Bendito seja o Evangelho de Jesus, que é nossa luz em nossa missão, em nossa família e no coração.
— Bendita seja a compaixão de Jesus diante da multidão tão pobre e necessitada.
— Como é bonito ainda saber que foram os discípulos a repartir o pão;
— o pão que mata a fome de vida de quem nele espera em cada dia.
— Jesus nos deu uma grande lição: ninguém pode ficar sem pão, por causa da ganância e exploração.
— Quem não quer partilhar não pode usar o verbo amar, pois é contradição.
— Se podem colher toneladas de grãos, por que há crianças subnutridas comendo migalhas dos milhões de toneladas? E ainda há os que são capazes de dizer que estão ajudando o país...
— Contamos, Senhor, com vossa ajuda, na exigente missão de sermos "Missionários da partilha" da vida e do pão. Amém!
— Glória ao Pai, ao Filho e ao Espírito Santo,
— como era no princípio, agora e sempre. Amém.

4. A PALAVRA É NOSSA LUZ

— Senhor Deus e Pai, vosso Filho nos ensinou a partilhar a vida e os dons. Ele nos fez compreender que é na força da união e da graça divina que fazemos romper os laços egoístas dos que só pensam em si. Vós tivestes compaixão da multidão. Ajudai nossa Comunidade a ter essa mesma atitude, e assim sejamos de verdade "Missionários da partilha".
— Ó Jesus não permitais que falte o pão nas mesas, por causa da ganância, do egoísmo e da opressão. Amém.

- Cântico à Palavra de Deus
- Anúncio - **Compaixão de Jesus** - Mc 8,1-8

1Naqueles dias, reuniu-se de novo numerosa multidão e não tinham o que
comer. Então Jesus chamou os discípulos e disse-lhes: 2Tenho compaixão
desta gente, pois já faz três dias que estão comigo e não têm o que comer.
3Se eu os mandar para casa em jejum, desfalecerão no caminho. E alguns
deles vieram de longe. 4Responderam-lhe os discípulos: de onde poderia
trazer pão para saciá-los aqui no deserto? 5Perguntou-lhes: quantos pães

tendes? Responderam: sete. [6]Mandou então que a multidão se acomodasse no chão e, tomando os sete pães, deu graças, partiu-os e ia dando-os aos discípulos para que os distribuíssem. Eles os distribuíram à multidão.
[7]Tinham também alguns peixinhos. Depois de os abençoar, mandou que os distribuíssem também. [8]Eles comeram e ficaram satisfeitos. E com os pedaços que sobraram recolheram sete cestos.
- Palavra da Salvação.
- Glória a vós, Senhor.

(Alguém da Comunidade poderá dizer uma mensagem do texto bíblico proclamado, com o tema do dia.)
(**Sugestão - SÍMBOLO:** *Preparar com antecedência alguns pães, que poderão ser repartidos entre todos. Lembrando que a partilha gera fartura e alegria.*)

5. GUIADOS PELO AMOR

— Na força do amor do Senhor e com todos os que o buscam com sinceridade de coração, nosso louvor, nosso amor: **Nós vos louvamos, ó Deus da vida!**

1. QUANDO a Comunidade tudo faz para viver unida e não permite a divisão, a separação...
2. QUANDO há os que se desgastam para amar e tornar viva a Comunidade...
3. QUANDO as mamães manifestam aos filhos e ao mundo vossa ternura e compaixão...
4. QUANDO a família unida partilha a vida, a alegria, os sonhos e a esperança...

(Outras súplicas, outros agradecimentos...)

— Unidos na fraternidade, no compromisso da partilha na Comunidade, rezemos agradecidos: **Pai Nosso...**

PARTICIPO da COMUNIDADE: *Quanto ainda temos de aprender de Jesus, como aquele que assumiu nossa natureza humana e como Pessoa divina! Podemos ter as mesmas atitudes dele, pois já nos lembrou que precisamos fazer como Ele fez: "Façam a mesma coisa que eu fiz". Ele está nos pedindo o que nos é possível fazer, nada mais além. Interessante: por que é preciso insistir na prática do bem, da caridade, do Dízimo, se somos cristãos, e isso significa estar no segmento de Cristo? Certamente devemos pensar um pouco mais em nossas atitudes cristãs. Parece que nos falta ainda dar uns passos a mais. Estamos no "centro" do coração do Cristo, e que bom seria se Ele estivesse no centro de nossas atitudes e decisões... Isso* ***é possível. Basta querermos!***

6. COM DEUS, COM A IGREJA, COM A COMUNIDADE

— Senhor Jesus, vós já nos lembrastes que vosso Reino está entre nós. E nós desejamos e esperamos que ele se realize plenamente e que vosso povo encontre a paz.

— Quando nos amamos de verdade e nos fazemos solidários, o Reino se realiza entre nós.

— Somos vossa Igreja peregrina e, se não estendemos as mãos para ajudar, para acolher, repartir e amar, que sentido tem? Vós sois o sentido de nossa vida.

— Só unindo as mãos e o coração é que vamos alcançar a justiça e a paz.

— Queremos a paz, que se realiza junto com a justiça de vosso Reino. Seja, pois, a partilha nossa vida de cada dia.

— Assim unimos nossas mãos, para diminuirmos a dor dos irmãos e vivermos na esperança e na comunhão. Amém.

7. ORAÇÃO DO MISSIONÁRIO DA PARTILHA *(a escolher, p. 11)*

8. IDE, ANUNCIAI!

— O Senhor nos envie, inspire-nos e nos guie no anúncio da verdade libertadora.

— Amém.

— O Senhor nos ajude a trabalhar com alegria como "Missionários da Partilha" e anunciar com fervor a copiosa redenção.

— Amém.

— O Senhor faça reinar em nosso coração a misericórdia divina, e nossa vida e ação missionária sejam carregadas de humildade e amor misericordioso.

— Amém.

— Maria, aquela que acolheu Deus e foi por Ele acolhida, inspire-nos na missão batismal.

— Sim, com Maria vamos contar todos os dias!

— O Senhor esteja perto de nós como nosso grande amigo. Esteja a nossa frente para nos proteger; esteja a nosso lado para nos guardar; esteja em nosso coração para nos fazer felizes. Ele nos guie nos caminhos da vida e na certeza de sua paz. Vamos em paz e o Senhor nos acompanhe.

— Amém! Assim seja! Amém!

Cântico: a escolher.

7. A vida, dádiva divina!

Mãos que curam são mãos que amam, que praticam o bem, que apontam caminhos, que seguram forte a mão do outro e o chamam para a vida. É preciso redescobrir a força das mãos que geram a dignidade, comunhão, comunicação e abandonar as que manejam armas e injustiças.

Cântico: a escolher.

1. CAMINHANDO COM JESUS

— Em nome do Pai † e do Filho e do Espírito Santo.
— Amém.
— Reunimo-nos, Senhor Deus e Pai, no amor e no Evangelho de vosso Filho Jesus, nossa salvação.
— Nós vos bendizemos, Senhor Deus, pois nos destes a vida, dádiva de vosso amor.
— Vosso Espírito Santo inspire nossas atitudes e palavras, e ajude-nos no trabalho missionário dentro de nossa Comunidade, e assim se realize a partilha entre nós.
— Confirmai-nos, Senhor, como "Missionários da Partilha" e firmai-nos na fraternidade e comunhão de irmãos.
— Glória ao Pai Criador, ao Filho Redentor e ao Espírito Santo de Amor,
— agora e pelos séculos sem-fim. Amém.

2. NO LOUVOR, NA GRATIDÃO

— Louvado sejais, meu Senhor, com todas as vossas criaturas:
— pelo Irmão Sol, que clareia o dia e, com sua luz, ilumina-nos!
— Louvado sejais, meu Senhor, pela Irmã Lua e pelas estrelas,
— que no céu formastes, claras, preciosas e belas!
— Louvado sejais pelo Irmão vento, pelo ar e pelas nuvens,
— pelo sustento que dais sustento a vossas criaturas!
— Louvado sejais pela Irmã água,
— útil e humilde, preciosa e casta!
— Louvado sejais pelo Irmão fogo, com o qual iluminais a noite;
— ele é belo e alegre, vigoroso e forte!
— Louvado sejais por nossa Irmã, a mãe Terra, que nos sustenta e governa,
— produz frutos diversos, flores e ervas!
— Louvado sejais pelos que perdoam por vosso amor
— e suportam as enfermidades e tribulações!
— Louvado sejais pelos que sofreram os tormentos do mundo
— e, contentes, sorrindo, perdoaram.

— Louvado sejais pela alegria dos que trabalham,
— pela morte serena dos bondosos!
—Louvado sejais pela mãe querida, a natureza, que fizestes bela e forte,
— pela Irmã Vida, louvado sejais pela Irmã Morte!
— Bendito seja o Senhor, nosso Deus, agora e para sempre.
— Amém, assim seja, amém.
Cântico: a escolher.

3. JESUS E NOSSO TEMPO

— Senhor Deus, vosso Filho pisou a terra dura e as estradas empoeiradas da Palestina, indo ao encontro das pessoas.
— Foi ao encontro dos pobres, dos pecadores, doentes e abandonados.
— Estendeu suas mãos divinas para os consolar, para os curar, para lhes perdoar e para os salvar.
— Curou o cego Bartimeu, que não temeu pedir compaixão.
— Quem anseia pela vida e alcança a dádiva divina se põe a caminho junto do Senhor e se torna sinal de seu amor.
— Foi assim o Bartimeu que seguiu a Jesus, feliz e muito agradecido.
— Senhor Deus, fortalecei vossa Igreja em sua missão. Iluminai os "Missionários da partilha" em sua ação a favor da paz e da harmonia, pois é a partilha que lhes inspira.
— E tirai a cegueira, que não nos deixa ver onde a vida está sendo ferida. Amém.
— Glória ao Pai, ao Filho e ao Espírito Santo,
— como era no princípio, agora e sempre. Amém.

4. A PALAVRA É NOSSA LUZ

— Senhor Deus, quem poderá nos separar de vós? O medo, a guerra, a injustiça? Nada tem a força invencível de vosso amor por nós. Obrigado, Senhor, pela vida, pela Comunidade que está sempre reunida, pois anseia e deseja vos servir com alegria.
— E na partilha da vida e dos dons, esperamos alcançar um dia vosso amor sem-fim. Amém.

- Cântico à Palavra de Deus
- Anúncio - **O cego Bartimeu** - Mc 10,46-52

46Chegaram a Jericó. Quando Jesus saía de Jericó com seus discípulos
e enorme multidão, estava sentado à beira da estrada, pedindo esmo-
las, Bartimeu, o cego, filho de Timeu. 47Quando ouviu dizer que era Je-
sus de Nazaré que estava passando, começou a gritar: "Jesus, Filho de
Davi, tem piedade de mim!" 48Muitos o repreendiam, mandando que

se calasse. Mas ele gritava cada vez mais alto: "Filho de Davi, tem pie-
dade de mim!" [49]Jesus parou e disse: "Chamai-o". Chamaram o cego
dizendo-lhe: "Tem confiança, levanta-te, ele te chama". [50]Ele jogou o
manto, deu um pulo e veio até Jesus. [51]"Que queres que eu te faça?",
perguntou-lhe Jesus. Disse-lhe o cego: "Mestre, que eu recupere a vis-
ta!" [52]"Vai", disse-lhe Jesus, "tua fé te salvou". E, no mesmo instante, o
cego começou a enxergar e foi seguindo a Jesus pelo caminho.

- Palavra da Salvação.
- Glória a vós, Senhor.

(Alguém da Comunidade poderá dizer uma mensagem do texto bíblico proclamado, com o tema do dia.)

(**Sugestão - SÍMBOLO:** *Uma mamãe com uma criancinha nova, ainda no colo ou amamentando, aproxima-se do altar e ergue a criança, em um gesto de oferta agradecida a nosso Senhor por aquela vida nova. O Dízimo tem tudo a ver com a vida.*)

5. GUIADOS PELO AMOR

— Senhor, nosso Deus, vós sois compassivo conosco e nos permitis estar diante de vós. Ouvi-nos, pois precisamos de esperança, e a vós nós clamamos: **Bendito seja o Senhor, nosso Redentor.**

1. BENDITOS sejam o homem e a mulher que se esforçam em fazer da vida uma partilha...
2. BENDITO seja quem luta em defesa da dignidade humana e se põe ao lado dos menos favorecidos...
3. BENDITA seja a Comunidade que aprendeu e ensina a partilhar os dons e os valores da vida...
4. BENDITOS sejamos nós agora reunidos, aprendendo do Senhor e de sua Palavra...

(Outras súplicas, outros agradecimentos...)

— Com todo o amor e toda a confiança, rezemos a oração da Família, da Comunidade, do cristão: **Pai Nosso...**

PARTICIPO da COMUNIDADE: *Ser dizimista é confiar na Palavra de Deus e apostar na verdade do Reino. Ainda mais os "Missionários da Partilha" precisam estar impregnados dessa verdade. Nós corremos o risco de viver uma fé isolada, a partir de nossas concepções religiosas, herdadas, até mesmo, de nossas famílias. Mas, como adultos e mais maduros na fé, sabemos que a fé é dom pessoal e a vivemos em uma Comunidade. Querer viver uma fé fundada no individualismo é se opor exatamente ao que nos ensina o Evangelho. O Dizimista e os "Missionários da Partilha" participam da Comunidade, são Igreja-presença e não* *vivem isoladamente a fé. Aliás, o sabor da festa está no encontro com as pessoas, na alegria partilhada... as outras coisas tornam-se relativas. Assim é a alegria da participação do Dizimista na Comunidade.*

6. COM DEUS, COM A IGREJA, COM A COMUNIDADE

— Senhor, vossa Palavra abre nossos olhos para a realidade em que vivemos e nos faz entender que o cristão é chamado a ter atitudes semelhantes às de Jesus.

— Vossa Palavra nos faz superar os desânimos e retomar o caminho da fraternidade e da partilha.

— Fazei-nos estar atentos, Senhor, com os "insignificantes", aqueles que são desprezados na sociedade, marcada pela eficiência, pelo lucro e pela ganância.

— Juntaremos nossa força para dar vida aos feridos na sociedade, pois somos vossa Igreja viva.

— Senhor, nossa participação no Dízimo da Comunidade nos faz compreender que, onde há partilha, há amor, há vida e alegria.

— Amparados por vós, continuaremos nossa missão de "Missionários da Partilha" com alegria e doação. Amém.

7. ORAÇÃO DO MISSIONÁRIO DA PARTILHA *(a escolher, p. 11)*

8. IDE, ANUNCIAI!

— O Senhor nos envie, inspire-nos e nos guie no anúncio da verdade libertadora.

— Amém.

— O Senhor nos ajude a trabalhar com alegria como "Missionários da Partilha" e anunciar com fervor a copiosa redenção.

— Amém.

— O Senhor faça reinar em nosso coração a misericórdia divina, e nossa vida e ação missionária sejam carregadas de humildade e amor misericordioso.

— Amém.

— Maria, aquela que acolheu Deus e foi por Ele acolhida, inspire-nos na missão batismal.

— Sim, com Maria vamos contar todos os dias!

— O Senhor esteja perto de nós como nosso grande amigo. Esteja a nossa frente para nos proteger; esteja a nosso lado para nos guardar; esteja em nosso coração para nos fazer felizes. Ele nos guie nos caminhos da vida e na certeza de sua paz. Vamos em paz e o Senhor nos acompanhe.

— Amém! Assim seja! Amém!

Cântico: a escolher.

8. Ouvir seu chamado e responder!

Somos chamados a descobrir Cristo neles (os pobres): não só a emprestar-lhes nossa voz em suas causas, mas também a ser seus amigos, a escutá-los, a compreendê-los e a acolher a misteriosa sabedoria que Deus nos quer comunicar por meio deles (EG, 198).

Cântico: a escolher.

1. CAMINHANDO COM JESUS

— Em nome do Pai † e do Filho e do Espírito Santo.
— Amém.
— Aqui estamos, Senhor, em Comunidade, para ouvir vossa Palavra e meditar sobre nossa partilha entre irmãos.
— O Senhor nos chama e, ouvindo sua voz, vamos correndo a seu encontro.
— O Espírito Santo nos conduza e nos faça compreender que partilhar a vida e os dons é trilhar o caminho da santidade.
— Tudo faremos para vivermos conforme o ensinamento de Jesus, na alegria da missão de partilhar e amar.
— Glória ao Pai Criador, ao Filho Redentor e ao Espírito Santo de Amor,
— agora e pelos séculos sem-fim. Amém.

2. NO LOUVOR, NA GRATIDÃO

— Ó bendita encarnação,
— Deus amor, Deus perdão!
— Ó bendita salvação,
— Deus amor, Deus perdão!
— Ó copiosa redenção,
— Deus amor, Deus perdão!
— Ó bendita misericórdia,
— dai-nos a paz, a vida e a salvação!
— Ó bendito Santo e Santificador entre nós,
— dai-nos a paz, a vida e a salvação!
— Jesus Cristo, Deus amor, Deus perdão,
— dai-nos a paz, a vida e a salvação!

— Nosso coração de povo da Aliança vos bendiz agradecido,
— pois sois nossa misericórdia, nosso perdão!
— Nós vos saudamos e vos bendizemos,
— pois em vós está nossa redenção!

— Guiai nossos sentimentos e fazei-nos partilhar
— a vida, o pão e os dons!
— Bendito seja o Senhor, nosso Deus, agora e para sempre.
— Amém, assim seja, amém.
Cântico: a escolher.

3. JESUS E NOSSO TEMPO

— Sabemos, Senhor, nosso Deus, pelo ensinamento de Cristo, vosso Filho, que o amor tem pressa em servir, em ajudar, em apoiar.
— O amor é sempre transformador, libertador, enche de vida.
— Por isso Maria, vossa filha predileta, foi apressadamente para a casa de Isabel, para ajudá-la naquela hora tão necessária.
— Servir traz alegria e liberdade e nos faz ser missionários de verdade.
— Nossa força está em Deus para vivermos intensamente o tempo de agora, sendo uma resposta de amor e de fé, como foi a de Maria para Isabel.
— Felizes os que respondem com amor ao chamado do Senhor.
— Nossa vocação é para a união, por isso não é possível ser cristão e viver desunido, sem amor aos irmãos.
— Como "Missionários da Partilha", cuidamos da messe do Senhor e vivemos na união. Amém.
— Glória ao Pai, ao Filho e ao Espírito Santo,
— como era no princípio, agora e sempre. Amém.

4. A PALAVRA É NOSSA LUZ

— Senhor Deus, só em vós encontramos o alento de que precisamos em nossa missão. Vossos "Missionários da partilha" se dedicam, quase noite e dia, à causa da Comunidade, tornando-a fraterna e missionária. Vós, que estais a nosso lado, ajudai-nos a ouvir vossa Palavra, como Maria, e a cumprir com alegria nossa missão.
— Deus da vida e Deus da paz, tornai fecunda e profunda nossa vida e nossa ação missionária. Amém.

- Cântico à Palavra de Deus
- Anúncio – **Encontro com Isabel – Lc 1,39-45**

39 Naqueles dias, Maria partiu em viagem, indo às pressas para a região
montanhosa, para uma cidade da Judeia. 40 Entrou na casa de Zacarias
e cumprimentou Isabel. 41 Logo que Isabel ouviu a saudação de Maria,
o menino saltou em seu seio, e Isabel ficou cheia do Espírito Santo 42 e
exclamou em alta voz: "Tu és bendita entre as mulheres e bendito é o
fruto de teu ventre! 43 E como me é dado que venha a mim a mãe de meu
Senhor? 44 Pois, assim que chegou a meus ouvidos a voz de tua saudação,

o menino saltou de alegria em meu seio. [45]Bem-aventurada aquela que acreditou que se cumpriria o que lhe foi dito da parte do Senhor!"
- Palavra da Salvação.
- Graças a Deus.

(Alguém da Comunidade poderá dizer uma mensagem do texto bíblico proclamado, com o tema do dia.)
(**Sugestão - SÍMBOLO:** *Uma criança entra com um cartaz indicando que o* ***Dízimo é escutar o Senhor: "Feliz quem escuta a Palavra e a põe em prática".***)

5. GUIADOS PELO AMOR

— Senhor, Deus dos simples e humildes, que de nós fizestes corações redimidos, por vosso Filho entre nós renascido, aceitai nossa prece, nosso louvor, nosso amor: **Bendito seja o Senhor, hoje e para sempre!**
1. QUANDO há partilha de vida e de amor, na família, na Comunidade...
2. QUANDO o amor recebido me faz partilhar e vencer o egoísmo e o individualismo...
3. QUANDO os necessitados sentem a presença da Comunidade e dos "Missionários da Partilha"...
4. QUANDO vossa Palavra nos fortalece na vida, na riqueza ou na pobreza, na alegria ou na dor...

(Outras súplicas, outros agradecimentos...)
— Àquele, que nos ama e espera ser amado, rezemos com amor: **Pai Nosso...**

PARTICIPO da COMUNIDADE: *Maria respondeu com intensidade ao chamado do Senhor. E imediatamente se pôs a caminho para a casa de Isabel. Foi "apressadamente" nos diz o evangelista Lucas. Interessante: aquela que foi a filha predileta do Pai, a escolhida, foi às pressas servir, ajudar, estar ao lado... Pode-se dizer que Maria somou forças com Isabel, pois ela também aguardava o nascimento de João Batista, o precursor de Jesus. Minha participação no Dízimo manifesta minha preocupação com minha Comunidade. Quando eu "não posso fazer isso", então colaboro "para que o outro possa fazer". Estando atento à Palavra do Senhor, irei descobrir as muitas necessidades presentes na Comunidade. Quando compreendo isso, compreendo o dinamismo do Reino de Deus entre nós. E ainda ganho uma liberdade interior, que nem posso imaginar...*

6. COM DEUS, COM A IGREJA, COM A COMUNIDADE

— Senhor Deus, fazei-nos ouvir o "grito silencioso" dos pobres e marginalizados, daqueles que tiveram seus direitos cerceados.

— Fazei-nos ser uma Igreja viva, comprometida, que está atenta às necessidades dos mais abandonados.

— Inspirai os "Missionários da Partilha" em sua nobre missão de nos despertar para a comunhão entre irmãos e aliviar a dor e o fardo que pesa sobre os mais desprovidos.

— Fazei-nos descobrir que não há alegria maior do que repartir a vida, o pão e os dons entre irmãos.

— Senhor, contamos com vossa graça, pois não basta apenas nosso desejo, para levarmos adiante nosso querer e servir.

— Contando com vossa graça, estamos certos, Senhor, de que vamos alcançar o que vós desejais. Amém.

7. ORAÇÃO DO MISSIONÁRIO DA PARTILHA *(a escolher, p. 11)*

8. IDE, ANUNCIAI!

— O Senhor nos envie, inspire-nos e nos guie no anúncio da verdade libertadora.

— Amém.

— O Senhor nos ajude a trabalhar com alegria como "Missionários da Partilha" e anunciar com fervor a copiosa redenção.

— Amém.

— O Senhor faça reinar em nosso coração a misericórdia divina, e nossa vida e ação missionária sejam carregadas de humildade e amor misericordioso.

— Amém.

— Maria, aquela que acolheu Deus e foi por Ele acolhida, inspire-nos na missão batismal.

— Sim, com Maria vamos contar todos os dias!

— O Senhor esteja perto de nós como nosso grande amigo. Esteja a nossa frente para nos proteger; esteja a nosso lado para nos guardar; esteja em nosso coração para nos fazer felizes. Ele nos guie nos caminhos da vida e na certeza de sua paz. Vamos em paz e o Senhor nos acompanhe.

— Amém! Assim seja! Amém!

Cântico: a escolher.

9. A Palavra, comunicação de amor!

O bem tende sempre a comunicar-se. Toda a experiência autêntica de verdade e de beleza procura, por si mesma, sua expansão; qualquer pessoa que viva uma libertação profunda adquire maior sensibilidade diante das necessidades dos outros... (EG, 9).

Cântico: a escolher.

1. CAMINHANDO COM JESUS

— Em nome do Pai † e do Filho e do Espírito Santo.

— Amém.

— Nós vos louvamos, Trindade Santa, comunhão e comunicação perfeita de amor uno e trino.

— Nós vos louvamos, ó Trindade Santa, comunhão eterna de amor.

— Ó Espírito Divino, Amor do Pai e do Filho, iluminai-nos e seja nossa comunicação verdadeira comunhão de irmãos.

— Não há comunicação maior do que a partilha, que gera vida, alegria e unidade na diversidade.

— Glória ao Pai Criador, ao Filho Redentor e ao Espírito Santo de Amor,

— agora e pelos séculos sem-fim. Amém.

2. NO LOUVOR, NA GRATIDÃO

— Jesus, Sacerdote eterno, nosso Bom Pastor,

— fortalecei a Igreja, sacramento de vosso Reino!

— Jesus, Amigos dos pobres, dos sofredores,

— fortalecei a Igreja, sacramento de vosso Reino!

— Jesus, Palavra viva e eterna do Pai, Príncipe da Paz,

— fortalecei a Igreja, sacramento de vosso Reino!

— Os humildes acolhem o Senhor e reconhecem seu Reino;

— acolhem o Senhor, pois eles têm o coração vazio!

— No mundo ressoa a voz da verdade pelos legítimos Pastores;

— Jesus, o Amigo dos pobres, fortalece-os na missão!

— Feliz quem acolhe o que nos diz a Igreja de agora;

— ela faz ressoar a profecia da esperança da vida!

— Acolhe o Senhor quem vive na humildade

— e o reconhece como Libertador.

— O povo da Aliança espera no Senhor,

— pois é grande seu amor e a certeza da salvação!

— Nossa Comunidade será uma Igreja viva,

— comprometida, participativa, bem do jeito de Jesus!

— Bendito seja o Senhor, nosso Deus, agora e para sempre.
— Amém, assim seja, amém.
Cântico: a escolher.

3. JESUS E NOSSO TEMPO

— Senhor, o Cântico de Maria na casa de Isabel, naquele dia inesquecível, fez renascer a esperança dos mais abandonados, de ontem e de hoje.
— Vós voltastes para eles vosso olhar e vossa compaixão.
— Bela é a vida enraizada em Deus, daqueles que são profetas de esperança em nossa pátria, tantas vezes ultrajada pela falta de nobreza de nossas lideranças.
— O olhar materno de Maria liberta e confunde a segurança dos dominadores e prepotentes.
— São muitos os laços e muitas as armadilhas que estão presentes no pensamento e no coração de muita gente, que precisa de libertação.
— Guiai nossos passos no caminho de vosso Reino, pois aí está nossa salvação.
— Somos Igreja peregrina, e outra atitude não podemos ter, senão a de buscar a solidariedade e a fraternidade.
— Como "Missionários da Partilha", tudo faremos para que tudo se realize. Amém!
— Glória ao Pai, ao Filho e ao Espírito Santo,
— como era no princípio, agora e sempre. Amém.

4. A PALAVRA É NOSSA LUZ

— Como Maria, vossa filha predileta, nós vos louvamos e vos bendizemos, Senhor, nosso Deus. Vós sois o Deus que estais presente em nossa vida e nos dais vosso amor e vossa misericórdia. Quem poderá rejeitar tão grande dádiva? Ajudai-nos a compreender vossa Palavra, que é nossa luz.
— Nossa vida e nossa missão estão em vossas mãos, Senhor, nosso Deus. Amém.

- Cântico à Palavra de Deus
- Anúncio - **Cântico do Magnificat** - Lc 1,46-55

46Disse Maria: "Minha alma engrandece o Senhor, 47e meu espírito se ale-
gra em Deus, meu Salvador, 48porque Ele olhou para sua humilde serva;
pois daqui em diante todas as gerações proclamarão que sou feliz! 49Por-
que o todo-poderoso fez por mim grandes coisas e santo é seu nome. 50De
geração em geração se estende sua misericórdia sobre aqueles que o te-
mem. 51Demonstrou o poder de seu braço e dispersou os que pensam com

soberba. [52]Derrubou os poderosos de seus tronos e elevou os humildes.
[53]Enriqueceu de bens os famintos e despediu os ricos de mãos vazias. [54]So-
correu seu servo Israel, lembrando-se de sua misericórdia, [55]como havia
prometido a nossos pais, a Abraão e a seus filhos para sempre".

– Palavra da Salvação.

– Glória a vós, Senhor.

(Alguém da Comunidade poderá dizer uma mensagem do texto bíblico proclamado, com o tema do dia.)

(**Sugestão – SÍMBOLO:** Entronizar um símbolo do Dízimo na Comunidade (por exemplo um coração com o nome da Comunidade), lembrando nosso compromisso com ela, pois dela somos participantes e responsáveis.)

5. GUIADOS PELO AMOR

— Senhor, Deus amor, Deus compaixão, Deus paciente e Deus esperança, escutai vossos filhos, que vos bendizem: **Bendito sejais, ó Senhor, Deus da vida, Deus santificador!**

1. BENDITAS a inteligência e a ciência quando se dão as mãos para edificar a vida e o ser humano.
2. BENDITO o coração humano que tem bondade e solidariedade com os necessitados.
3. BENDITAS as famílias que não têm medo de amar, servir e viver o Evangelho de Jesus.
4. BENDITOS os que estendem as mãos para apoiar, levantar e apontar uma nova direção aos abandonados.

(Outras súplicas, outros agradecimentos...)

— Todo dia podemos rezar do jeito que agora rezamos: **Pai Nosso...**

PARTICIPO da COMUNIDADE: *O Dízimo nos educa na fé. Quando aprendemos a repartir, é interessante perceber que Deus não nos deixa faltar nada. O que é de Deus é dele, não é nosso, portanto ser dizimista não é uma atitude nossa, mas de Deus, é nosso reconhecimento de tudo o que Deus nos dá pela gratuidade de seu amor. Tudo nos vem de Deus. Se participamos na obra criadora de Deus por meio do respeito à natureza, por meio de nosso trabalho, não significa que as coisas existiram por causa de nós. Não. Aconteceram por causa de Deus, e nós participamos com nosso trabalho, pois tudo foi criado por Ele. O dízimo é um sinal de que estamos sendo gratos a Deus, que nos concedeu bens em abundância. É possível repensar nossas atitudes, e o Senhor nos dá essa oportunidade. Basta querermos.*

6. COM DEUS, COM A IGREJA, COM A COMUNIDADE

— Quando Deus penetra nossa vida e nossos planos, nossas atitudes são carregadas de luz e de sentido. Sem Deus nos tornamos egoístas e soberbos.

— O Dízimo será sempre um sinal de nossa partilha, de nosso amor com Deus e com os irmãos.

— Mãos que curam são mãos generosas, carregadas de misericórdia. Mãos que curam são mãos que repartem a vida, o pão e o amor. Mãos que curam são mãos que educam e defendem a dignidade humana.

— Mãos humanas foram feitas para edificar a vida e demolir a morte e todas as suas formas. Mãos egoístas geram dor, fome, guerra, miséria.

— Senhor, confirmai nossa Comunidade no caminho da partilha, pela participação no Dízimo e na abertura do coração que acolhe, ama e serve ao irmão.

— Ajudai e iluminai a vida e o trabalho dos "Missionários da Partilha", pois são dedicados em sua missão. Amém.

7. ORAÇÃO DO MISSIONÁRIO DA PARTILHA *(a escolher, p. 11)*

8. IDE, ANUNCIAI!

— O Senhor nos envie, inspire-nos e nos guie no anúncio da verdade libertadora.

— Amém.

— O Senhor nos ajude a trabalhar com alegria como "Missionários da Partilha" e anunciar com fervor a copiosa redenção.

— Amém.

— O Senhor faça reinar em nosso coração a misericórdia divina, e nossa vida e ação missionária sejam carregadas de humildade e amor misericordioso.

— Amém.

— Maria, aquela que acolheu Deus e foi por Ele acolhida, inspire-nos na missão batismal.

— Sim, com Maria vamos contar todos os dias!

— O Senhor esteja perto de nós como nosso grande amigo. Esteja a nossa frente para nos proteger; esteja a nosso lado para nos guardar; esteja em nosso coração para nos fazer felizes. Ele nos guie nos caminhos da vida e na certeza de sua paz. Vamos em paz e o Senhor nos acompanhe.

— Amém! Assim seja! Amém!

Cântico: a escolher.

10. Vinde, vede e anunciai!

No Pentecostes, o Espírito faz os Apóstolos saírem de si mesmos e transforma-os em anunciadores das maravilhas de Deus... o Espírito Santo infunde a força para anunciar a novidade do Evangelho com ousadia (parresia), em voz alta e em todo o tempo e lugar, mesmo contracorrente (EG, 259).

Cântico: a escolher.

1. CAMINHANDO COM JESUS
— Em nome do Pai † e do Filho e do Espírito Santo.
— Amém.
— Reunidos em Comunidade e em torno da Palavra, o Senhor toque em nosso coração, para que o desperte para o bem, para a partilha e doação.
— Bendito seja o Senhor, que nos dá seu amor e nos faz participar de seu Reino.
— O Espírito Santo nos ajude a compreender que não há mistério maior de amor do que servir e partilhar a vida, os dons e os bens.
— Reunidos no Senhor, vamos aprender um pouco mais de seu amor.
— Glória ao Pai Criador, ao Filho Redentor e ao Espírito Santo de Amor,
— agora e pelos séculos sem-fim. Amém.

2. NO LOUVOR, NA GRATIDÃO
— Senhor, nosso Deus, sois grande em toda a terra e nos céus.
— Bendito seja o Criador de todas as criaturas.
— Vós criastes as estrelas e as chamais pelo nome.
— Bendito seja o Senhor, o Criador de todas as criaturas.
— Senhor, meu Deus, vós afagais a erva do campo, dourais os trigais
— e encheis a terra de mil fontes.
— Por que cuidais assim do ser humano tão frágil?
— Vós nos ensinais que não há amor se não houver partilha.
— Louvado sejais, Senhor Deus, pois em vós encontramos a vida e a paz.
— Bendito seja o Senhor para sempre.
— Nós vos louvamos porque há entre nós aqueles que partilham a vida.
— Abençoai-os e protegei-os, Senhor.
— Bendito seja o Senhor, nosso Deus, agora e para sempre.
— Amém, assim seja, amém.
Cântico: a escolher.

3. JESUS E NOSSO TEMPO
— Ó Jesus, vós sois nossa vida e nossa esperança de salvação. Felizes os que vos encontram e vos servem.

— Os pobres do Reino serão os primeiros, pois nada, além de Deus, ocupa-lhes o coração.
— O Senhor aproximou-se de nós, pois seu desejo é nos plasmar em sua misericórdia.
— “Felizes os misericordiosos, porque alcançarão misericórdia!”
— O Senhor estende-nos suas mãos benditas, afaga-nos com seu amor e nos guia em seu caminho.
— Junto dele é copiosa a misericórdia e a paz não tem fim.
— Senhor, Deus dos pobres e dos que esperam em vós, fazei-nos fiéis à missão de sermos “Missionários da partilha” em nossa Comunidade.
— Sejam nossas atitudes carregadas de misericórdia, bondade e compreensão. Amém.
— Glória ao Pai, ao Filho e ao Espírito Santo,
— como era no princípio, agora e sempre. Amém.

4. A PALAVRA É NOSSA LUZ

— Senhor Deus, vós plasmais em nosso coração vosso amor, que nos transforma e nos faz compreender a vida e nossos irmãos. Fazei-nos sempre cheios de atitudes semelhantes a vossas, pois hoje nos dais a missão de sermos “bons pastores” em nossa Paróquia e Comunidade. Ajudai-nos, Senhor, a alcançar esse propósito que a vós manifestamos.
— Senhor Deus, vossa Palavra seja sempre nossa luz que nos guia e nos inspira em nossa missão. Amém.

- Cântico à Palavra de Deus
- Anúncio - **O Bom Pastor** - Jo 10,1-5.7b.9b-10

Disse Jesus: 1“Em verdade, em verdade vos digo, quem não entra no
redil das ovelhas pela porta, mas sobe por outro lugar, é ladrão e assal-
tante. 2Quem entra pela porta é o pastor das ovelhas. 3A esse o porteiro
abre, e as ovelhas escutam sua voz; ele chama as ovelhas pelo nome
e as conduz para fora. 4E, depois de fazer sair todas as que são suas,
caminha a sua frente, e as ovelhas o seguem porque conhecem sua
voz. 5Mas não seguem um estranho, antes fogem dele, porque não co-
nhecem a voz dos estranhos”.
7b“Em verdade, em verdade vos digo, eu sou a porta das ovelhas.
9bQuem entrar por mim será salvo; entrará e sairá e encontrará pasta-
gem. 10O ladrão só vem para roubar, matar e destruir. Eu vim para que
tenham vida e a tenham em abundância.”

— Palavra da Salvação.
- Glória a vós, Senhor.

(Alguém da Comunidade poderá dizer uma mensagem do texto bíblico proclamado, com o tema do dia.)
(**Sugestão - SÍMBOLO:** *Dois jovens vestidos como apóstolos, representando João e André, seguem um outro jovem, que representará Jesus. (Diante do altar, levantam um letreiro: "Vinde, vede e anunciai".)*

5. GUIADOS PELO AMOR
— Ó Deus, vós sois presença viva entre nós, por meio de Cristo, vosso Filho. Ajudai-nos a renascer em cada dia em vosso amor: **Bendita seja a vida, que nos vem do Senhor!**
1. QUANDO a existência humana é amada e respeitada em todas as instâncias da sociedade...
2. QUANDO os abandonados na sociedade são resgatados...
3. QUANDO a Comunidade une as pessoas e reparte a paz, a vida, a solidariedade...
4. QUANDO muitos estenderam as mãos para ajudar, consolar e servir as vítimas da pandemia...
(Outras súplicas, outros agradecimentos...)
— Agradecidos pelo dom sagrado que é a vida, rezemos do jeito de Jesus: **Pai Nosso...**

PARTICIPO da COMUNIDADE: *Vivemos em uma sociedade marcada por uma cultura secularizada, centralizada no consumismo, no hedonismo, que é querer o prazer "como bem supremo". Também o desejo do espetáculo faz as pessoas buscarem "os holofotes" até mesmo dentro da Igreja. É triste saber que ainda há escravidão, pois a ganância, a busca desenfreada do prazer, o ídolo do possuir geram escravidão, miséria, fome. Por isso Jesus vem nos dizer: "Vinde e vede". Se estamos atentos ao ensinamento de Jesus, o Dízimo vem provocar uma mudança forte em nossa vida: da mesquinhez passamos a ser generosos, complacentes, unidos, fraternos, misericordiosos. "Quando ficamos argumentando muito sobre o que é feito com o dízimo, é porque não estamos mesmo dispostos à generosidade", disse-me alguém em uma Comunidade... É fato, é verdade! Se não experimentamos a doçura do mel, tornamo-nos barris de vinagre.*

6. COM DEUS, COM A IGREJA, COM A COMUNIDADE
— Vinde e vede vós dissestes aos discípulos de João. Eles foram e ficaram convosco a tarde inteira.
— Voltaram felizes e a todos contavam a alegria de ter estado com o Senhor.

— Jesus vem nos lembrar que é preciso ir e anunciar em todos os tempos e em todo lugar.
— Não é possível ficar parado, se há necessitados esperando um pouco de paz, um pouco de pão.
— Quem ajuda a evangelização é também evangelizador, pois participa da mesma missão. Se há "Missionários da Partilha" que ajudam a Comunidade a caminhar na caridade, só podemos participar e colaborar,
— para que ressoe entre nós e no coração a verdade de Jesus, nosso Senhor. Amém.

7. ORAÇÃO DO MISSIONÁRIO DA PARTILHA *(a escolher, p. 11)*

8. IDE, ANUNCIAI!
— O Senhor nos envie, inspire-nos e nos guie no anúncio da verdade libertadora.
— Amém.
— O Senhor nos ajude a trabalhar com alegria como "Missionários da Partilha" e anunciar com fervor a copiosa redenção.
— Amém.
— O Senhor faça reinar em nosso coração a misericórdia divina, e nossa vida e ação missionária sejam carregadas de humildade e amor misericordioso.
— Amém.
— Maria, aquela que acolheu Deus e foi por Ele acolhida, inspire-nos na missão batismal.
— Sim, com Maria vamos contar todos os dias!
— O Senhor esteja perto de nós como nosso grande amigo. Esteja a nossa frente para nos proteger; esteja a nosso lado para nos guardar; esteja em nosso coração para nos fazer felizes. Ele nos guie nos caminhos da vida e na certeza de sua paz. Vamos em paz e o Senhor nos acompanhe.
— Amém! Assim seja! Amém!
Cântico: a escolher.

11. Viver nele, ressuscitar com Ele!

Evangelizadores com espírito quer dizer evangelizadores que rezam e trabalham. Do ponto de vista da evangelização, não servem as propostas místicas desprovidas de um vigoroso compromisso social e missionário, nem os discursos e as ações sociais e pastorais sem uma espiritualidade que transforme o coração (EG,262).

Cântico: a escolher.

1. CAMINHANDO COM JESUS

— Em nome do Pai † e do Filho e do Espírito Santo.

— Amém.

— Reunidos na força do amor do Pai e do Filho e guiados pelo Espírito Divino, celebremos com fervor nosso encontro com a Palavra.

— Bendito seja o Senhor, bendita seja sua Palavra, que é nossa luz na partilha da vida e dos dons.

— O Espírito de Cristo nos guie pelos caminhos da história e de nossa história e nos faça descobrir que nada pode impedir o coração de amar e servir.

— Fazei-nos ser, Senhor, muito dados à humildade e solidários com os irmãos.

— Glória ao Pai Criador, ao Filho Redentor e ao Espírito Santo de Amor,

— agora e pelos séculos sem-fim. Amém.

2. NO LOUVOR, NA GRATIDÃO

— Sede bendito, Senhor Deus, que nos destes a vida em vosso Filho ressuscitado.

— A vós nosso louvor, nosso amor.

— Sede bendito, Senhor Deus, nos grandes e pequenos, nos pobres e humildes, pois sem-fim é vossa misericórdia.

— Louvai o Senhor nas ruas e avenidas, nas ruelas e nos recantos, no ônibus e no Metrô;

— ao Senhor nosso louvor.

— Bendito sejais, Senhor, pois não nos abandonais

— e nos lembrais que a partilha não deixa faltar o pão.

— Ó Senhor, todas as criaturas vos louvam, do recém-nascido ao mais idoso;

— suba ao céu um só louvor de amor.

— Felizes são os que partilham com os irmãos,

— pois experimentam já na terra as alegrias do céu.

— Nós vos louvamos pelo dom da partilha, que constrói nossa Comunidade

— e nos faz felizes como irmãos.
— Bendito sejais, Senhor, pelos "Missionários da Partilha",
— que fazem de sua vida um dom de serviço e doação.
— Bendito seja o Senhor, nosso Deus, agora e para sempre.
— Amém, assim seja, amém.
Cântico: a escolher.

3. JESUS E NOSSO TEMPO

— Senhor Jesus, sem medida foi vossa generosidade no amor, desde o nascimento até o alto da cruz, desde a ressurreição e nosso tempo de agora.
— Quanta generosidade o mundo precisa nos tempos de agora. Fazei-nos, Senhor, doadores de vida.
— Bem sabemos, Senhor, que a experiência da doação e participação em nossa Comunidade é fruto da fé e da esperança em vós.
— Quem se doa um pouco mais vê aumentar sua alegria, pois o amor lhe dá mais luz em cada dia.
— "Missionários da partilha", a que somos chamados, faz-nos compreender que a vida tem mais sentido quando é doada.
— Felizes são os que compreendem que é de Deus que nos vêm toda graça e salvação.
— Glória ao Pai, ao Filho e ao Espírito Santo,
— como era no princípio, agora e sempre. Amém.

4. A PALAVRA É NOSSA LUZ

— Ó Deus de amor, vós fostes imensamente generoso para conosco, pois nos destes vosso Filho Jesus, nosso Salvador. Ele veio nos ajudar a compreender que o amor é partilha, e o dízimo é um sinal da generosidade do coração e do compromisso com o irmão.
— Quem experimenta partilhar sabe a imensa alegria em poder doar, servir, amar. Amém.

- Cântico à Palavra de Deus
- Anúncio - **Caminho, Verdade e Vida** - Jo 14,1-4

Diz Jesus: 1"Não se perturbe vosso coração! Vós credes em Deus, crede em
mim também! 2Na casa de meu Pai há muitas moradas. Se não, eu vo-lo
teria dito; vou preparar-vos um lugar. 3Depois de ter ido e vos ter prepa-
rado um lugar, voltarei e vos tomarei comigo; para que, onde eu estiver,
vós estejais também. 4E vós conheceis o caminho do lugar para onde vou".

- Palavra da Salvação.
- **Glória a vós, Senhor.**

(Alguém da Comunidade poderá dizer uma mensagem do texto bíblico proclamado, com o tema do dia.)
(**Sugestão - SÍMBOLO:** *Escrever os nomes dos "Missionários da Partilha" em um cartaz, como também o número de pessoas dizimistas da Comunidade, introduzi-lo solenemente e colocá-lo em um lugar visível.*)

5. GUIADOS PELO AMOR

— Senhor Deus, a vós elevamos o coração em prece suplicante. Precisamos de vosso auxílio: **Ouvi-nos, Deus de amor e bondade!**
— FORTALECEI vossa Igreja no anúncio do Evangelho e na proximidade dos mais abandonados e sofredores.
— FAZEI nascer e florescer no meio do mundo trabalhadores a favor da justiça e da paz.
— TRANSBORDAI nossas Comunidades de fervor apostólico, missionário e de espírito transformador.
— ILUMINAI a vida dos que tudo deixaram para vos servir com mais dedicação a vosso Reino.
(Outras súplicas, outros agradecimentos...)
— Na certeza de que o Senhor conta conosco para somar na transformação do mundo e no anúncio da verdade, nós rezamos: **Pai Nosso...**

PARTICIPO da COMUNIDADE: *Ser perseverante no amor - na partilha dos dons - nos fará perceber o quanto Deus merece de nós e o quanto podemos ajudar a Comunidade. Tudo o que fazemos para favorecer a Comunidade -* ***não resta dúvida*** *- estamos fazendo a favor do Reino. O tempo passa, e nós passamos com ele, mas a história de amor e de vida, que foi construída, dura para sempre. Só nos resta tomarmos a atitude de partilha, da união e da fraternidade em nossa Comunidade-Igreja. Assim o Reino se tornará vivo e real entre nós. É nessa base que se assenta a ação dos "Missionários da Partilha", pois sabem que estão agindo a favor do Reino e ajudando as pessoas a tomarem essa consciência de pertença ao Reino. É, pois, uma força de unidade, de fraternidade, e isso se dá por causa da presença do Reino do Senhor entre nós.*

6. COM DEUS, COM A IGREJA, COM A COMUNIDADE

— A Palavra anunciada há de penetrar a vida de nossa gente. Vivendo a missão em nosso continente e entre nós, redescobriremos a vocação de comunhão e de participação.
— Nossas Comunidades se tornarão sinais vivos da presença do Reino.

— De mãos dadas como irmãos, manifestando nossa união, ninguém poderá romper os laços da fraternidade e da comunhão.

— Vivendo na unidade, anunciando a verdade, fortalecemos as Comunidades na partilha do pão.

— Unidos ao Senhor e aos irmãos na Comunidade, faremos da vida uma dádiva de alegria e participação.

— E assim vamos rompendo os laços do egoísmo, que não nos deixam partilhar da vida em comunhão. Amém.

7. ORAÇÃO DO MISSIONÁRIO DA PARTILHA *(a escolher, p. 11)*

8. IDE, ANUNCIAI!

— O Senhor nos envie, inspire-nos e nos guie no anúncio da verdade libertadora.

— Amém.

— O Senhor nos ajude a trabalhar com alegria como "Missionários da Partilha" e anunciar com fervor a copiosa redenção.

— Amém.

— O Senhor faça reinar em nosso coração a misericórdia divina, e nossa vida e ação missionária sejam carregadas de humildade e amor misericordioso.

— Amém.

— Maria, aquela que acolheu Deus e foi por Ele acolhida, inspire-nos na missão batismal.

— Sim, com Maria vamos contar todos os dias!

— O Senhor esteja perto de nós como nosso grande amigo. Esteja a nossa frente para nos proteger; esteja a nosso lado para nos guardar; esteja em nosso coração para nos fazer felizes. Ele nos guie nos caminhos da vida e na certeza de sua paz. Vamos em paz e o Senhor nos acompanhe.

— Amém! Assim seja! Amém!

Cântico: a escolher.

12. Deus sempre presente e nascente entre nós!

Um ser humano é sempre sagrado e inviolável... É fim em si mesmo, e nunca um meio para resolver outras dificuldades... toda a violação da dignidade pessoal do ser humano clama por vingança junto de Deus e torna-se ofensa ao Criador do homem (EG, 213).

Cântico: a escolher.

1. CAMINHANDO COM JESUS

— Em nome do Pai † e do Filho e do Espírito Santo.
— Amém.
— Ó sublime alegria saber que a vida ganhou sua plenitude, pois veio o Senhor para junto de seu povo.
— É Ele nosso Redentor, nascido de Maria, Mãe bendita e escolhida pelo Senhor.
— O Espírito Santo é o Amor, que gera a vida e nos faz contemplar uma criança, certeza de toda a nossa esperança.
— Bendita seja tão bela presença que revigora nosso olhar e nos traz alento, pois temos um Deus para amar.
— Glória ao Pai Criador, ao Filho Redentor e ao Espírito Santo de Amor,
— agora e pelos séculos sem-fim. Amém.

2. NO LOUVOR, NA GRATIDÃO

— Nós podemos, Senhor, experimentar, em cada dia, a inseparável alegria que vós tendes em nós.
— Somos felizes, pois estais presente em nossa história e em nossa Comunidade.
— Bendita seja a Comunidade que sabe compreender que Deus é a liberdade e a paz sem-fim.
— Quando o Senhor tem seu lugar em nossa história, nada pode tirar nossa alegria.
— Como foi bonito o nascimento de Jesus em Belém, mesmo sem ter as coisas necessárias daquela hora.
— No seio de uma Família que faz a vontade de Deus, só pode mesmo a vida florescer.
— O Deus, que amamos, está sempre nascendo entre nós, pois Ele quer nos ofertar sem cessar sua própria vida.
— Obrigado, Senhor, por nossa Família, pela Família de Nazaré, por nossa Comunidade, que é família também. Amém.
— Bendito seja o Senhor, nosso Deus, agora e para sempre.

— **Amém, assim seja, amém.**
Cântico: a escolher.

3. JESUS E NOSSO TEMPO

— O Senhor volve para nós seu olhar misericordioso e de nós tem compaixão. Somos dele imagem e semelhança.
— Tudo o que fazemos na Comunidade é por causa de seu amor.
— Quando a humanidade inteira descobrir vosso amor, nada poderá conter a força transformadora da união dos cristãos.
— Não há força maior que a da união entre irmãos, junto do Cristo, nosso Senhor.
— Vós sois, Senhor, a luz mais clara que a luz do sol, pois sois a eternidade entre nós. Em vós resplandece toda a verdade que buscamos.
— Aprendemos, Senhor, em cada dia vos servir em nossos irmãos.
— Vós esperais que também sejamos misericordiosos. Há famílias sem pão, jovens inseguros em seu futuro, há irmãos vivendo nas ruas e praças, sem casa, sem família, jogados à própria sorte.
— Seremos misericordiosos se formos irmãos dos mais abandonados. Amém.
— Glória ao Pai, ao Filho e ao Espírito Santo,
— como era no princípio, agora e sempre. Amém.

4. A PALAVRA É NOSSA LUZ

— Deus de amor infinito, como nos alegra saber de vosso amor para conosco. Às vezes, as exigências desta vida parecem pesar mais que nossas forças, a ponto de nos desanimar. Mas, pensando em vosso amor inefável, revelado a nós por vosso Filho Jesus, recobramos a coragem da fé e da missão que nos confiastes.
— Deus de amor, vós sois nossa luz e nos guiais no caminho de nossa missão. Amém.

- Cântico à Palavra de Deus
- Anúncio - **Aliança do Pai** - Jo 3,16-21

16 "Deus tanto amou o mundo que lhe deu seu Filho unigênito, para que
não morra quem nele crê, mas tenha a vida eterna. 17 Pois Deus não man-
dou seu Filho ao mundo para condenar o mundo, mas para que por meio
dele o mundo seja salvo. 18 Quem nele crê não é condenado. Mas quem
não crê já está condenado, porque não creu no nome do Filho unigênito
de Deus. 19 E o julgamento é assim: a luz veio ao mundo, mas os homens
preferiram as trevas à luz, porque suas obras eram más. 20 De fato, todo
aquele que faz o mal odeia a luz e dela não se aproxima, para que suas

obras não sejam desmascaradas. [21]Mas quem pratica a verdade aproxima-se da luz, para que transpareça que suas obras são feitas em Deus."
- Palavra da Salvação.
- Glória a vós, Senhor.

(Alguém da Comunidade poderá dizer uma mensagem do texto bíblico proclamado, com o tema do dia.)
(**Sugestão - SÍMBOLO:** *Convidar mamães grávidas e com crianças recém-nascidas para entrarem, em um louvor à vida, que brota da união da Comunidade, que vive em comunhão, tornando visível o Reino de Deus.*)

5. GUIADOS PELO AMOR

— Ó Deus, vós nos destes a vida. Em Cristo vós sois presença viva entre nós. Ajudai-nos a renascer em cada dia em vosso amor: **Bendita seja a vida, que nos vem do Senhor.**

1. QUANDO a existência humana é amada e respeitada em todas as instâncias da sociedade...
2. QUANDO os abandonados são resgatados...
3. QUANDO a Comunidade une as pessoas e reparte a paz, a vida, a solidariedade...
4. QUANDO muitos estenderam as mãos para ajudar, consolar e servir...
5. QUANDO partilhamos e somos solidários na Comunidade e na família...
6. QUANDO nos unimos e nos fazemos todos "Missionários da Partilha"...

(Outras súplicas, outros agradecimentos...)

— Agradecidos pelo dom sagrado, que é a vida, rezemos do jeito de Jesus: **Pai Nosso...**

PARTICIPO da COMUNIDADE: *Quisemos deixar este momento do último encontro reservado para a Vida, para o direito de viver, da dignidade respeitada... O gesto de contribuir com o Dízimo é extremamente significativo, pois o que realça é o direito à vida. Quanta fome, dor, angústia, incerteza em famílias que, às vezes, estão tão próximas de nós. Mas o desamor não nos deixa atentos e ainda "quer tranquilizar a consciência" com argumentos frágeis e falsos. O direito à vida é sagrado. Há muitos holofotes no mundo, mas não há nenhum voltado para o Dízimo, para a partilha, para o direito de viver ou para a dignidade dos mais necessitados. A contribuição humilde é tão grande "quanto a moedinha da pobre viúva no Templo de Jerusalém". Quanto bem a Igreja fez e faz, mas há os que preferem apontar seus defeitos a apontarem grandeza em favor da vida das pessoas. Participemos, pois, da*

Pastoral do Dízimo, sendo Dizimista ou sendo ainda "Missionários da Partilha". Unir forças é construir o Reino de Deus entre nós!

6. COM DEUS, COM A IGREJA, COM A COMUNIDADE

— Senhor, pelo ensinamento de Cristo, bem sabemos que a vida, quando é partilhada, a alegria é contagiante.

— Quando trazemos nosso Dízimo, já experimentamos a força da unidade, que gera a vida na Comunidade.

— Vós nos destes o que vos é mais sublime, vosso Filho Jesus, que assumiu nossa vida e nos resgatou para a eternidade.

— Quem deseja só para si nunca será feliz, pois felicidade é repartir, é viver em comunhão de irmãos.

— Senhor, nossa Comunidade deseja crescer na partilha do Dízimo, pois assim vamos assumindo nossa comunhão com os irmãos e com vosso Reino, que está entre nós.

— Contamos com vossa força, Senhor, e pedimos vossa paz aos "Missionários da Partilha". Amém.

7. ORAÇÃO DO MISSIONÁRIO DA PARTILHA *(a escolher, p. 11)*

8. IDE, ANUNCIAI!

— Senhor, nós vos agradecemos, pois nos chamais para a vida em Comunidade, vivendo em vós e na fraternidade.

— São felizes os que partilham a vida e os dons, pois estão longe do egoísmo.

— Senhor, nosso louvor a vós, pela disposição à vida de comunhão e aos "Missionários da Partilha", uma bênção entre nós.

— Como o sereno da manhã, caia sobre eles, serena e fecunda, vossa bênção.

— Fortalecei-nos na esperança e jamais nos deixai sucumbir por causa das dificuldades da vida.

— Temos certeza, Senhor, de vosso amparo, pois sois misericórdia infinita.

— Por vossa bondade abençoai-nos e guardai-nos em vosso amor.

— Em nome do Pai † e do Filho e do Espírito Santo. Amém.

— Ide, anunciai os valores do Reino, que nos chama à comunhão e fraternidade, e o Senhor vos acompanhe.

— Amém, agora e sempre. Amém.

Cântico: a escolher.

Índice